SWOT, PESTLE ＆財務分析による

［真実の 経営計画書］

篠﨑 啓嗣 ・ 比果 良太郎 ・ 佐藤 恵介
㈱しのざき総研 社長　　　　㈱財務ONE 社長　　　　合同会社スタイルマネジメント 代表

延島 隆裕 ・ 西原 英夫 ・ 豊田 雄平
㈱リアライズ総合研究所 社長　　㈱保険ムツゴロウ 社長　　㈱豊田保険事務所 社長

マネジメント社

ま え が き

本書を手にとっていただきありがとうございます。

経営計画について書かれた解説本は多数ありますが、SWOT 分析や PESTLE 分析及び財務分析の観点から解説したものは少ないのではないかと思います。特に、財務面の考察を加えた経営計画はあまり目にしません。

「財務」とは即ち「経営」そのものです。それでは、経営とは何でしょうか。『デジタル大辞泉』(小学館) によると、「経営とは、事業目的を達成するために、継続的・計画的に意思決定をおこなって実行に移し、事業を管理遂行すること。また、そのための組織体」とあります。『広辞苑 第7版』(岩波書店) によると、「経営とは、継続的・計画的に事業を遂行すること。会社・商業など経済的活動を運営すること。またそのための組織」と、デジタル大辞泉と同様の解説です。

もちろん、経営はこれらの辞典で記載されている意味がすべてということではありません。しかしながら、両辞典とも、事業目的・継続的・計画的・実行・管理・組織といったキーワードが列挙されています。これらのことを総合すると、経営とは、①経営者は会社の代表として、会社の存在意義や事業目的を経営計画に落とし込み、②会社が進むべき方向性を社員に提示し、組織として機能するために、各自の役割を担うべく日々の行動を実行してもらい、かつ③その行動と成果を計画的、継続的に管理していくことで、会社の成長を図るもの。ということになるのではないでしょうか。

事業のサイクルは「PDCA」と呼ばれます。「計画 (Plan)」「行動 (Do)」「検証 (Check)」「改善 (Action)」です。このサイクルを計画的・継続的に回すためには、その土台となる経営計画が必須になります。

経営計画は経営活動の道筋を示したものであり、いわば地図や設計図です。経営計画に記載された道筋をしっかり歩めば、目標地点に到着できる (目標を達成できる) ということです。

経営計画を作成する際には、事業戦略を構築するための分析ツールを使いますが、これは経営計画を根拠あるものにするためにも必須のことになります。それがいわゆる「SWOT 分析」です。SWOT 分析は、自社の内部要因と外部環境を分析して有効な事業戦略を導き出すツールです。また、外部環境を政治、経済、社会、技術、法律、環境という6つの要因で分析する「PESTLE 分析」も有効

なツールです。これらの分析ツールを活用したうえで、さらに財務面からの検討を加えたものこそ「真実の経営計画書」になりえると確信しています。

　近年、中小企業庁は「早期経営改善計画」の策定を推進していますし、信用保証協会の保証付き融資においても、経営計画の提出を求められるようになります。そして、その経営計画に「根拠がありますか？」と問われたときに、「こういう根拠がある」と明確に説明できなければなりません。

　本書は、SWOT分析やPESTLE分析、財務分析を活用することによって、金融機関が納得するような「根拠のある経営計画」をどのように策定するのかを具体的に示したものです。中小企業が融資を受けるに際して経営計画書の提出をしたときに、金融機関はSWOT分析やPESTLE分析から抽出された事業戦略に連動した収益計画や資金繰り表、そして具体的なアクションプランとの相関性を確認します。つまり、その計画には根拠があり、信憑性があるかどうかを見るのです。「前年対比○○％アップ」といった短絡的な経営計画書は、これからの時代では通用しません。

　経営計画書は融資を受ける際の必須のアイテムですが、同時にそれは、社内に対しても有効に機能するものです。なぜなら、自社の行く末に最も関心があるのは働いている従業員だからです。この会社は将来伸びるのか、低迷するのか、潰れはしないか……自分の人生に大きくかかわることですから、経営計画に関心を示すのは当然でしょう。

　本書の代表著者である筆者は財務コンサルタントとして、日本政策金融公庫及び商工中金の融資案件で、ハードルの高い資本性劣後ローンを50件以上通してきた経験があります。これは、上記のようにSWOT分析等を駆使して「根拠ある経営計画書」や「資金繰り表」を提示できたことが大きな要因になったと確信しています。

　令和は、昭和や平成の時代とは明らかに違います。令和の時代は、金融機関から融資を受ける際には、（真実の）経営計画書が必須になることは間違いないでしょう。まずは経営計画書の作成によって最初の一歩を踏み出し、金融機関との関係性を良好に保つようにしていただきたいと思います。本書はそのための有効な手引書になることを企図して編集しています。ぜひご活用ください。

著者を代表して

篠﨑 啓嗣

SWOT，PESTLE ＆ 財務分析による

【真実の経営計画書】

CONTENTS

第3章　経営計画書を作成する7つのメリット

第4章　PESTLE 分析を用いると経営計画書の作成は一気に進む

第5章　財務的視点で SWOT 分析に取り組む

第6章 数字に根拠をもたせるための SWOT 分析

第７章　経営計画書の作成後に取り組むこと

第 1 章

経営は芸術である

1. 経営の壁

　経営はアート、すなわち「芸術」です。芸術とは「創造物」です。つまり、経営者が事業活動をイメージしたことを白いキャンバスに色を付けて描いていく作業と同じです。白いキャンバスにイメージを描いていくときに、本来であれば色の意味や色の掛け合わせを知らなければ、その作品はイメージしたものとはかけ離れていきます。

　しかしながら、ほとんどの経営者は経営を芸術として捉えていません。そもそも自分はなぜ会社の代表をしているのか、なぜこの仕事をしているのか、今後どうしていきたいのか、といった基本的な存在意義すらイメージしているようでしていないものです。

　本書でいう経営とは、緻密に計算された芸術的産物であるということです。芸術はセンスだけで成り立っているような感覚があるかもしれませんが、じつは真逆です。経営における芸術とは、緻密に計算された未来を描いたものであり、それが経営計画です。

(1) 企業規模による経営の壁

　子どもが小学校1年生から2年生、3年生と成長していくように、会社の規模を大きくするということ、すなわち売上高を上げるということは企業の宿命みたいなものです。1年生では足し算や引き算を学び、2年生になると九九を学び、3年生になると割り算を学び、4年生になると分数を学ぶようになります。1年生のときに割り算や分数はできません。このように成長に応じて年次のハードルというものがあります。

　経営にも同様のハードルが存在します。年商でいえば、1億円 ➡ 3億円 ➡ 5億円 ➡ 7億円 ➡ 10億円と、年商規模によって出現する経営課題が存在します。

　年商規模1億円程度であれば、業種にもよりますが、社員数は3〜5人程度で会社運営はできます。また、1人で二役とか三役というように「多能工」が当たり前です。ここでいう多能工とは、1人の社員が総務をしながら経理を担当するとか、営業をしながら人事をするというようなことです。場合によっては、社長が営業、総務、経理すべてを担当することもあります。

(2) 年商5億円の壁

　ほとんどの中小零細企業は知名度があまりなく、大企業と比べると福利厚生なども見劣りするので、希望する人材採用がなかなかできません。だから必然的に、1人当たりの業務種類・量は多くなります。このような状況は年商規模5億円まで続きます。

　年商規模5億円までは、経営者の勢いだけで事業拡大は可能ですが、社員数も20名ぐらいになるので、組織として活動していかなければなりません。

　ちなみに社員数が20名以上になると、家族的な経営（温もりのあるようなイメージ：感情的、感覚的な経営）をしていると組織が弛緩する可能性があります。もちろん家族的な温かい社風はいいことですが、経営というものはドライな部分が絶対に必要です。社員の営業成績が悪ければ、その原因を追求して改善していかなくてはなりません。感情的な温もりを残しながらも、勘定的なドライな部分がないと事業継続はできなくなるのです。

(3) 10億円を超えると頭の中の経営は不可能
―― 経営計画書は必須

　年商規模が10億円ぐらいになると社員も30名はゆうに超えてきます。この経営規模で経営計画書の作成をしていない会社は話になりません。地図や羅針盤もないのに大海原に出航する小さな木造船と同じです。

　それでも収益が出て黒字経営のときはなんとかなりますが、赤字に転落したときに、会社のアラばかりが見えてくるようになります。

　経営者が会社の進むべき方向性も行動指針の具体性も持ち合わせることもなく、自身の肌感覚だけで経営をしていると、それが社員の行動にも反映されます。そして経営がおかしくなると、本当は経営者の思考や行動が社員に反映されてい

るにすぎないのに、経営不振の原因を社員のせいにして、その結果、組織崩壊を招いてしまうケースが少なくありません。

　中小企業の経営は経営者の意思が強く反映されます。反映されたものがプラスになればいいのですが、不確実性が多く先読みができない時代において、経営計画書がなく、経営者の頭の中にあるイメージだけでは、暗闇の中を航海するようなものです。すべての企業の最大の命題は事業継続であり、利益を計上し続けていかなくてはなりません。それが経営の前提条件です。そのためには経営計画書は必須なのです。

(4) 管理部門の充実

　会社が一定規模になってくると、総務、人事、経理などの管理部門がしっかりしていなくてはなりません。

　会社はまずは売上を伸ばして稼ぐことをしなくてはなりませんから、成長期においては、営業部門や製造部門、工事部門、ロジスティクス部門にどんどん人材が投入され、「人手がいくらあっても足りない」という状態になったりします。売上、営業利益、経常利益とも大きく伸びていきます。

　ところが、組織がだんだん大きくなってくると、人事のローテーション、人事評価制度、経理の諸規定など、さまざまなルールが必要になってきます。取引先との関係も一つのルールでは不可能で、さまざまな取引形態が必要になったりします。

　そうした問題が発生した場合、以前は社長が「とりあえず○○○○しておこう」で一応の解決策らしきものですましていても、それでは根本的な問題解決にはならないので、必然的に守備を固めるために管理部門を充実させなくてはなりません。

　具体的には、就業規則、人事評価制度、経理規定、出張旅費規程など、諸規程をしっかり作成し、ルールで管理していくことをしなくてはなりません。これは、会社が成長していくときの宿命なのです。攻撃部門はすぐれていても、管理部門がしっかり守ってくれないと、会社経営はバランスを欠いたものになります。

2.　経営は逆算である

　経営とは、あるべき未来の姿からの逆算です。なぜなら、先読みをしないと不確実性の高い令和の時代を生き抜いていくことはできないからです。誰も未来のことはわかりませんが、それでも先がわからないからこそ仮説を立てたうえで、恐怖心を抱きながら一歩一歩進んでいくのが経営というものです。

（1）「過去 SWOT クロス分析」で過去を振り返る

　緻密に計算をするということは、現在から 5 年先や 10 年先のタイムマシンに乗るイメージで、未来から現在を観察することになります。

　この観察に際して必ず取り組まなければならないことが一つあります。それは、過去の出来事に対して、過去の自分がどのように対応していたのかを振り返ることです。

　過去の振り返りをしても意味がないという人がいますが、それは大きな間違いです。なぜなら、過去の振り返りは、自分自身の潜在意識で判断してきた意思決定、すなわち「意思決定のクセ」を自分自身で理解することです。いいクセはより伸ばし、悪いクセを修正していくことで自己成長することができます。

　また、仮説を立てるときに、過去の振り返りをすればするほど自分の行動パターンの細分化ができるようになるので、未来の仮説の精度が高くなることは間違いありません。

　経営には経営者の生き様が表現されます。意思決定のクセも経営に表れます。それを振り返りによって知ることは、経営計画書づくりの第一歩になります。

　過去を振り返るときに必要になる分析ツールが「過去 SWOT クロス分析」です。SWOT 分析は、事業戦略を構築するときのフレームワークですが、これを過去の経営の振り返りにも活用することができます。

■過去 SWOT クロス分析のイメージ図

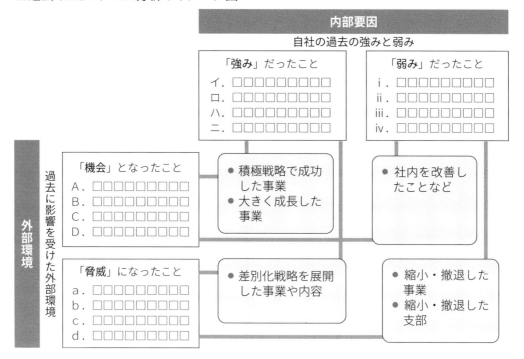

❶過去 SWOT 分析に必要な資料

　過去 SWOT 分析に必要な資料は、①直近決算書３期分、②直近１年分（12か月）の実績の試算表（月次）、③直近１年分（12か月）の実績資金繰り表を準備します。

　まずは外部環境要因の「機会」と「脅威」を SWOT 分析のフレームに合わせて決算書３期分からイメージします。損益計算書の主要指標は「売上高」「売上総利益」「営業利益」「経常利益」です。売上高は３期分のトレンドから、外部環境からどのような影響を受けたのか、売上総利益を見る時には原価にどのような影響があったのかをイメージします。

　過去 SWOT 分析をする時に必ず取り組まなければならないことがあります。それは販売費の精査です。販売費は売上をもたらすための戦略的経費（例：広告宣伝費・交際接待費・交通費・支払手数料など）になるのですが、ここに気づいていない企業が多いのです。戦略的経費を過去 SWOT 分析によって意識して振り返ることで、未来に向けての SWOT 分析に取り組む際に、より尖った戦略構築ができるようになります。具体的には、戦略的経費と売上との相関性を見ていきます。

❷季節変動要因

　次に、季節変動要因を意識します。直近 1 年分の試算表で、商流の季節的変動を明確に把握するようにします。そうでないと、未来の損益計画に大きなブレが生じてきます。

　商流に連動してくるのが金流になります。金流をつかむために必要な資料は実績の資金繰り表です。直近 1 年分の商流の実績試算表とリンクさせながら確認をすることで、それぞれの季節変動要因を把握していきます。

❸外部環境要因

　決算書・実績試算表・実績資金繰り表に加え、外部環境の PESTLE 分析をすることで（第 4 章で詳述）、過去の外部環境要因によって、それがどのように損益に影響を与えたかを検証します。例えば、業績がよかったとき、あるいは悪かったときの外部環境はどのようなものであったのか、といったことです。

　その結果、未来に向けての SWOT 分析をする時に、想像力が高まり、さまざまな戦略イメージが湧いてくるようになります。

❹内部要因

　自社の内部要因についですが、これは社内にある人的、物的資源のことです。人材や組織、提供している財・サービスなどです。これらの要因が業績にどのように影響を及ぼしたかを検証します。このことで、自社の良いクセや悪いクセに経営者自ら気づけるようになるのです。

　人材は「役員」と「社員」に分けます。人件費関係項目を売上や売上総利益に結びつけて労働生産性を確認します。もちろん、財務分析としての労働生産性だけを確認するのではなく、その際には社内の業務ルールを明確に決めて業務を遂行させているのかを念頭に置いて分析してください。その業務ルールは、役員と社員では当然違ってきます。多くの中小企業は役員の業務のルールを決めていません。だから役員の行動に無理や無駄が生じるのです。

　役員と社員が業務ルールによって行動しているかということもイメージして振り返りをしていくと、会社の業績における良否の理由が明確になりますし、その対策を考える時に、自社の組織における強みと弱みが鮮明になります。

　売れている商品やサービスがあるからそれが強みになるのではありません。その売れている商品やサービスがどういう要因で売れたのか、売上を生み出した内

部要因（人材や組織）があれば、それは大きな「強み」になります。

(2) VUCA の時代

現在は「VUCA の時代」とも言われています。VUCA とは、ビジネスや市場、組織、個人などあらゆるものを取り巻く環境が変化し、将来の予測が困難になっている状況を意味する造語です。

『**V**olatility：変動性』
『**U**ncertainty：不確実性』
『**C**omplexity：複雑性』
『**A**mbiguity：曖昧性』

という、4 つの単語の頭文字から成ります。

VUCA はもともと、冷戦終了後の複雑化した国際情勢を示す用語として、1990 年代ごろから米軍で使われ始めた軍事用語です。2010 年代になると、それがビジネスシーンでも使われるようになりました。

❶ Volatility：変動性とは、これからどのように激しく変化していくのかが予測不可能な状態のこと。近年、IT の急速な進展により、新しい商品・サービスが次々と生まれ、それにともない、市場のニーズや消費者の価値観も多様化しています。変化に対応できないとビジネスが衰退してしまう可能性がある反面、早急に適確に変化に対応できれば、新たな価値や社会の仕組みを創出するチャンスになります。

❷ Uncertainty：不確実性とは、不確実な事柄が多く、この先、私たちを取り巻く環境がどう変化していくのかがわからない状態のこと。個人にとっても、組織にとっても、不安定な状況です。不確実性が高いと、事業計画や販売計画といった形でビジネスの見通しを立てるのが困難になると言われています。

❸ Complexity：複雑性とは、さまざまな要素・要因が複雑に絡み合っていて、単純な解決策を導き出すのが難しい状態のこと。複雑性が高いと、ある企業

での成功事例を他の企業にそのまま応用できない、一つの企業だけでは問題を根本的に解決できないといったことが起こります。一方で、既存の枠組みを超えた事業や革新的なアイデアが生まれることもありますが、この複雑性の意味を理解して行動していない限り、既成概念の枠を超えてアイデアが生まれることはないとされています。

❹ Ambiguity：曖昧性とは、どうしたら問題を解決できるのか、本当にこの方法で解決できるのかといったように、絶対的な解決方法が見つからない曖昧な状態のこと。先述した『Volatility：変動性』『Uncertainty：不確実性』『Complexity：複雑性』が組み合わさることで、『Ambiguity：曖昧性』な状態になるとされています。

(3) 過去の振り返りと未来からの逆算

このようにVUCAのような考え方を身に付けて過去の振り返りをすると、将来起こるかもしれない市場の変化をイメージすることができ、そのイメージから逆算して経営していくと大きなブレがなくなるものです。

例えば、国はコロナ禍中に事業再構築補助金を創設しました。この補助金はVUCA時代にマッチしたものですが、そもそも経営者が自社の事業発展をイメージしたときに、VUCAの概念を念頭において重ね合わせていないし、今まで培ってきた経営ノウハウや技術などを異業種で活用していく可能性の追求もしていないものです。もちろん、事業再構築補助金を獲得してV字復活をしている会社もありますが、VUCA時代を見越したうえでの結果になっていません。

アフターコロナ以降もVUCA時代が続いていくと考えられます。このような時代背景を考慮するときに大切なことがあります。それは、現時点から5年先を見越して、外部環境の変化を中心にイメージして逆算していくことです。

外部環境をイメージするときに念頭におくのは、①人口動態（少子高齢化）、②国際情勢（紛争や国際関係の動向）、③為替相場の変動、④原油などの資源価格、⑤流行についての情報は継続的に取り組んでもらいたいものです。

ちなみに、上記の5つのキーワードを継続してイメージしていくと、経営者の頭の中に未来志向のフレームが構築されていきます。

(4) なぜ経営計画書を作成しない経営者が多いのか

　中小企業の8割以上は経営計画書の作成をしていません。その理由は以下のことが考えられます。

---

❶経営計画は絵に描いた餅なので、作成してもそのようにいかないから作成しても意味がない。

❷今まで作成していなくても危機を乗り越えてきたから、いまさら作成する気にならない。

❸そもそも作成の仕方がわからないし、多忙なので作成するのが面倒くさい。

---

❶最初から計画どおりにいかないのが普通

　よく言われることですが、「経営計画書は絵に描いた餅」ではありません。もちろん、最初から経営計画どおりにいくわけではありませんが、経営計画は作成し続けることに意味があるのです。

　また、毎月、損益と資金繰りの振り返りを実践していくと、計画と実績との差の原因に気づいていきます。この差に気づかないでいると、本当に絵に描いた餅となってしまいます。そもそも計画を作成しただけで、行動もしていなければ定期的な振り返りや改善活動もしなければ、当然、計画と実績との差が埋まらなくなります。それでも、経営計画を作成し続けて描かれた図面や数字があれば、それに近づいていこうとするものです。

❷「いままで」と「これから」は違う

　多くの経営者は「経営危機があっても今まで大丈夫だったから」と悪びれずに言う傾向にあります。ここで言う経営の危機とは、平成12〜15年のバブル崩壊後の不況、平成21年冬からのリーマンショック、そして令和時代に入ってからのコロナ不況が該当します。特に、平成時代の二つの経営危機を乗り越えてきた経営者は根拠のない自信があるのか、自分はこの二つの不況を乗り越えてきたし、まだまだ若い者には負けない。だから自分は75歳を超えても経営者として君臨できると考えています。

　また、数年先のことは誰もわからないので、数か月先のことだけを考えて行動していけばいつか必ずや復活の兆しが見えてくるので、そのときに勝負をすればいいというように、言語は明瞭ではあるけれど意味不明なことを言うのです。

　確かに過去の成功体験は大切ですが、この成功体験が根拠もないままに認識されていると、自己満足だけになってしまいます。

❸経営計画書の作り方がわからないではすまされない

　ほとんどの経営者は売上を上げることはできても、会社を管理して強固な財務体質にすることを苦手としているものです。コロナの影響を受けて多くの中小企業は人流を意図的に制限され、その結果、売上は激減して、国から雇用調整助成金などをもらったり、多額のコロナ融資を借りて資金繰りはつないできましたが、3分の1以上の企業は債務超過に陥りました。

　しかし、コロナ前から経営計画を作成し、利益を計上して内部留保を厚くしている企業は、コロナの影響も限定的ですし、令和5年以降の決算からV字回復をしています。

　ちなみにV字回復とは、売上及び経常利益がコロナ前に戻ることではありません。もちろん、売上や経常利益がコロナ前に戻ることは復活の前提条件になりますが、人流が復活すれば経営計画を作成しなくても損益計算書の各項目はある程度復活します。

　一番のポイントは、経営計画を作成していくことで、その結果としての貸借対照表が劇的に変化していくことです。この変化を体感できるのは、財務リテラシーを身に付けた経営者だけに与えられた特権です。つまり、財務リテラシーがない経営者は、残念ですが経営計画は作成したくてもできないのです。

　財務リテラシーとは、①簿記の知識、②決算書の構造の理解、③資金繰りの基礎知識、④財務分析になります。この4つの事項について素養がないと経営計画を作成するときに組み立てができなくなります。

❹令和時代の経営者は簿記の知識が必須

　特に、簿記の知識は必須です。筆者は多くの経営者に簿記の重要性を説いていますが、ほとんどの経営者は「今から簿記を学んでも売上と利益は上がらない」と言います。しかしながら、複式簿記の土台が理解できていないと、経営計画書を作成するときの損益計算書や、ケースによっては貸借対照表の組み立てができ

なくなるのです。

　簿記の勉強をする時間が捻出できないのであれば、せめて決算書の勘定科目の意味や配列、そして該当する勘定科目の相手勘定科目が何になるかを理解できるようになってください。経営計画の基本的な骨子や内容は作成できるようになります。

(5) 頭の中にイメージされていれば経営計画書は必要ないのか

❶経営計画書は銀行融資のためだけではない

　「経営計画は俺の頭の中に入っているから計画書を作成する時間は無駄だ」という経営者が一定割合で存在します。じつに残念だと思いますが、それが中小企業経営者の実態です。

　このように言う経営者は、経営計画書の作成をするのが面倒くさいからで、その言い訳で「自分の頭の中に入っている」と言っているのです。

　銀行から融資を受けるときに、同じことを言ってみると面白いことが起きるでしょう。担当の銀行員は唖然として、融資に取り組まなくなるでしょう。

　企業規模に関係なく、新規融資の申込時において経営計画の提出はマスト（必須）要件になるので、本当に「頭の中に入っている」のであれば、その内容を文書に落とし込む必要があるでしょう。

　また、企業規模が大きくなると、金融機関以外にも経営計画書を提出する必要が出てきます。その最たるものは、自社の経営計画発表会です。全役員、全社員が経営計画書に書かれた内容や数字を目標に業務に取り組んでもらわなくてはなりません。

　事業規模が大きくなっても経営計画は必要ないという高齢経営者がいます。若い経営者でも、右肩上がりで伸長しているような会社は事業がうまくいっていることを理由に経営計画の作成をしようとしないのも事実です。しかし、黒字経営から赤字経営となり、金融機関からの資金調達の雲行きが怪しくなってくると、あわてて経営計画書の作成を開始します。

❷経営計画書がなければ円滑な事業承継はできない

　仮に、経営計画が頭に入っていたとしても、経営者に万が一のことがあったときに、後継者は何もない状態で経営を受け継ぐことになります。これは後継者に

とって大きなプレッシャーです。何を、どのように、どれだけ、どうすべきかのイメージが湧きません。

前経営者が急逝してしまい、何もよくわからないまま事業承継した現経営者が数年間苦労した話を聞きますが、経営のイメージが湧かず、よくわからないまま経営するということの恐怖を感じるようです。いわば目隠しをして歩くようなものでしょう。

昭和や平成の時代は、経営計画は経営者の頭の中にあるということでも通用したかもしれませんが、令和時代は先が読みづらいVUCAの時代だからこそ、経営計画は経営者の頭の中にあるという迷言は通用しません。

また、「対前年比○○％」という数字いじりだけの経営計画書では、そこに何も信憑性はないし、誰も納得しないでしょう。

先が読めない時代だからこそ、「真実の経営計画書」を作成するのは経営のマスト要件です。そのためにSWOT分析やPESTLE分析を活用して、不確実なことを数％でもいいので確実にしていくという考え方が必要なのです。

(6) 経営計画書は理想を描けばいいのか

❶経営計画書はアートだが曖昧な理想ではない

経営計画の作成をしているときによく質問をされるのは、「理想の姿を書けばいいのですか」ということです。もちろん、経営計画書に理想を書く必要はまったくありません。なぜなら理想は理想であってそこに具体的な根拠がないからです。

経営計画書は「こんなふうになりたいなあ」という希望や夢物語ではありません。経営計画書は経営者が描くアートではあるけれども、考えに考え抜いたうえで緻密でなければなりません。この緻密の意味は、一言で言うと「根拠」ということです。またはそうなる理由を明確に表現できているかということになります。

理想は曖昧と同義です。なぜなら理想は深く考えていないし、具体的なことや数字が落とし込まれていません。

❷経営計画書に理想を描くと経営は危ういものになる

売上は、経営の三要素である「ヒト（役員や従業員）×モノ（商品やサービス・戦略的経費）＝カネ（利益や資金）」を把握し、過去からの取り組みと現在のマーケットを照らし合わせて打ち手（戦術）を考えます。

経営計画書に理想を描いてしまうと、自社の販売状況やマーケットのニーズを汲み取るようなことはせず、経営者の嗜好で販売したい商品や提供したいサービスを投入してしまいがちです。

　また、経営者はステークホルダー（利害関係者）のことを考えていないことが多いものです。利害関係者のことを考えなくなると、販売先に質の高い財やサービスの提供ができなくなります。売上高は収益の源泉となるので、売上が立たなくなると赤字になります。その結果、現金預金残高も減少し、資金繰りが厳しくなります。

　このように、理想論で考えて経営計画書を作成すると、経営は危ういものになります。

(7) 「利益は出したいが税金は払いたくない」の功罪

　また、よくあるのが税金を払いたくないという経営者です。ただ単に税金を払いたくないという理由で、税の繰延べと称して生命保険やレバレッジドリースなどを活用した節税スキームを積極的に採用したりします。

　しかし、その過程で大幅な赤字を計上したときに、取り組んでいた節税スキームも中途解約をしてしまい、結果的に赤字を計上してしまうパターンがほとんどです。

　中小企業の法人所得税は多くても35％程度です。しっかり税金を支払い、内部留保を残していくほうが長期的には得をするのです。

(8) 経営計画書は誰のためにあるのか

❶ステークホルダーとの関係

　経営計画書はすべてのステークホルダーのためにあります。ステークホルダーとは、販売先・仕入先・外注先・金融機関（銀行系・リース会社・生命保険会社・損害保険会社・証券会社など）・公的機関（役所関係・社会保険事務所など）・株主・従業員・役員・地域社会などが該当します。このすべてのステークホルダーに対しては、その大前提としてゴーイング・コンサーン（会社が事業継続していくことを前提とする）の考え方があります。

　すべてのステークホルダーに平等に接するためには、経営者は経営に恣意性の

介入をすることは許されません。恣意性の介入とは、自分たちの利益のために、例えば、販売先に虚偽の報告をして架空の売上を計上したり、仕入先には支払いができるだけの潤沢なキャッシュがあるにもかかわらず、支払いを意図的に遅延したり、消費税を預かっているのに赤字になってしまい、他の支払いに資金を充ててしまい延滞したり、従業員に対してセクシャルハラスメントやパワーハラスメントをしたりとか残業代の支払いをしないとか、工場を操業しているが騒音対策に十分取り組まず地域住民に迷惑をかける、などが該当します。

❷従業員は最も重要なステークホルダー

　ステークホルダーの中で忘れてはならないのが従業員です。従業員は家族と同じです。経営者のほうが従業員よりも年齢が下ということもありますが、会社という組織では経営者と従業員との年齢は関係ありません。

　経営者が年下で従業員から敬意を抱いてもらえないということもあるでしょうが、それは経営者として未熟であるからです。もちろん、親族内承継で経営者の子息に代替わりをしてからの数年間は、未熟さゆえに年齢についても言われることがありますが、会社の進むべき方向性を明確に持ち、従業員の役割や期待度も明確に伝え、共に目標に向かって行動し、成果の果実を獲得していくことでリーダーとして従業員から受け入れてもらえるのです。

　中小零細企業にとって従業員は家族のようなものですが、経営者の言動には真摯に反応をするものです。だからこそ経営計画は理想を書くのではなく、現実を見据えたうえで従業員と共に行動できるような真実性のあるものを作成するのです。

❸日本の中小企業の特性

　日本の中小企業の特性として、①所有と経営が分離されていない、②原則、中小企業融資は代表者が連帯保証人になる、③資本が脆弱で赤字になると債務超過になりやすい、などが挙げられます。
〈独断専行ワンマン経営者が多い〉

　①の所有とは株主であり、所有とは代表者ということになります。つまり、筆頭株主が代表取締役をしているということになります。会社の最高意思決定機関は株主総会ですが、会社の権限と事業の権限の両方を握っているのは経営者であり、その経営者が独断専行でワンマン経営をしていると会社の進むべき方向性を間違える可能性が高くなるものです。

〈経営者が債務の連帯保証人〉

　②は日本独特の慣行ですが、連帯保証人は経営者と連帯して債務の責任を負います。日本の中小企業は間接金融、つまり金融機関から長期的な視点で融資を受けています。その過程で企業の経営責任者である経営者に万が一のことがあると、事業継続の可能性が低くなるかもしれません。だからこそ経営者は、日々健康に留意することは当然ですし、万が一のことも考えながら事業保証対策（生命保険の加入）も念頭に置かなければなりません。

〈平均資本金は600万円〉

　③中小企業の平均資本金は600万円です。資本金が小さいということは経営のレバレッジが効かないということになります。投下できるお金がそもそも少ないので、売上や利益を上げるときに回転の大きさが小さいので、投資効果はあまり出ません。その反面、赤字になるときはそもそも内部留保の金額が薄いので赤字が複数年継続すると債務超過に陥りやすくなります。そうならないためにも、経営計画を作成しなければならないのです。

(9) 完璧な経営計画書というものはない

　経営計画書は完璧にしたほうがいいということを耳にすることがあります。もちろん適当な意味のいい加減な計画では話になりませんが、経営計画は未来経営のロードマップになるものです。しかしながら、未来はあくまで希望する未来であり仮説です。仮説に基づいたもので作成された経営計画書というものは、完璧なものにはなりえません。

❶予測できない未来を考えすぎると経営計画はできない

　一番よくないのは、予測できない未来のことを気にしすぎて、未来が読めないからと必要以上に時間をかけてしまい、会社の進むべき方向性が決定しないことです。

　考えすぎてイメージが湧かなくなることはありません。なぜなら、人間は経験したこと以上のことは具体的イメージができないようになっているからです。

　経営計画書を作成する第一段階は、過去の振り返りをして未来に仮説を立て、そのうえで、SWOT分析などで計画の根拠となるものを検証していくことです。

❷大企業でも将来予測を見誤る

　大企業では、中期経営計画の作成に継続的に取り組んでいます。未来の方向性を検討して中期経営計画の作成をしている大企業でさえ、赤字になることもあるし、債務超過になって事業継続ができなくなることもあるのです。大企業だから「安定」「安心」とは限りません。

　だからこそ経営計画書を作成するときには、肩の力を少し抜いたほうがいいのです。予測を誤ったりするかもしれない、こんなふうにはいかないかもしれない、と悩んだりしたときは、「後で修正しよう」と考えることです。

　年に2回も3回も計画の修正をするのはステークホルダーから不安を抱かれるかもしれませんが、年に1回の修正計画を金融機関などに報告することは大変よいことです。

❸重要なのは「根拠」を示せるかどうか

　ただし根拠については厳しく見ておきます。過去の決算書や実績の試算表、そして実績の資金繰り表、金融機関別融資取引一覧表から自社の成功要因や失敗要因を数字の分析をして把握しておくことは、経営計画書の精度を高めることにつながります。

　この取り組みをする理由は、経営計画書を作成するための必要最低限の情報を経営者がどこまで知っているのかということを再確認するためです。

　経営計画書を作成したことがない経営者は、どこから何に取り組めばいいのかわかりません。筆者がSWOT分析の話をすると「あ〜、あれな。昔、何かの研修でやったことがあるよ」と簡単に答えます。昔受講した研修でその後も継続的に取り組んで自己成長しているのであればいいのですが、研修というのは、その場を離れれば忘れるもので、身に付かないケースがほとんどです。

　自分のことは自分しか知りません。仮に第三者が会社の問題点に気づいたとしても、リスクをとってまでそこの会社に意見具申をする人はまずいません。もしいたとしても、その話を真摯に受け止めて改善する経営者はほとんどいないでしょう。

　だからこそ、多少の時間をかけてでも、会社を継続していくための体制を築いていくには、経営者の気づきと、コツコツとした改善活動の積み重ねから生まれてくる企業文化の醸成しかないのです。

　また、根拠ある経営計画とするためには、「根拠ある数字」も必要です。この数字を把握するためには、経営者の財務リテラシーが求められます。財務リテラ

シーの醸成をしていくための時間は最低でも3年間は必要です。もちろん、この時間を放置しておくわけにもいかないので、SWOT分析をしていく過程で、財務に強いコンサルタントに数年間伴走してもらうことで、万全な体制を確保することができます。

(10) 計画どおりにいかないなら作成する意味はない？

経営計画はPDCAサイクルを機能させていくと精度は抜群に上がります。仮に、1,000社が経営計画を作成したとします。

これはPDCAサイクルでいうPlan（計画）です。次のDo（行動）をする企業は、実際には2割程度しかありません。経営計画を作成して満足してしまうケースが多いのです。この時点で200社しか残らなくなります。経営計画を念頭に置いたDoができない企業が多いのは、計画を作成するだけで満足してしまっているか、作成をするときに労力を相当費やして疲弊してしまっている経営者が多いのではないかと思います。

Check（振り返り）やAction（改善活動）については、Do（行動）に取り組めていなければ、その連鎖反応で、ほとんどの企業が計画倒れに終わっているのが実態です。

❶ PDCAサイクルを回して成果を上げている会社は5〜6%

ちなみに経営計画を作成している会社が2割の200社で、そのうちの3割程度の50〜60社がDCAに取り組めているイメージです。PDCAサイクルを回して成果を挙げている会社は1,000社中50〜60社程度であるということです。つまり5〜6%程度です。このような現状を考えると、PDCAサイクルを継続的に回している会社は間違いなく利益を計上し、しかもキャッシュリッチな会社になることは間違いありません。

ちなみに行動（Do）の際には、最初から「予定は未定」だということを心に留めておきながら計画の中身を噛みしめて、それらを確認しながらアクションプランに従って行動します。予定は未定というと、物事はなるようにしかならないというような感覚で捉えがちですが、それは大きな間違いです。予定は未定だからこそ、計画に基づいて行動して、毎月振り返りをしていくことで課題が見つかるようになり、そのつど修正をしていくので成果が出てくるのです。

「毎月の振り返りをすることを前提で行動をしていく」ことです。つまり、こつこつと行動し、小さな修正に取り組むことで、予定が未定とはならなくなり、「確定」したものになっていくのです。石の上にも3年ではありませんが、3年＝36か月まずは行動（Do）を意識していけば、成果は必ず出てきます。

❷どう過去の振り返りをするか

　行動できない理由はじつに簡単です。それは、社長が決算書、試算表、資金繰り表から過去の経営の振り返りをする方法を知らないからです。仮に、財務資料からの検証手法が身に付いていないことに気づいたのであれば、あとはそのスキルを身に付ければいいだけです。

　逆説的な言い方をすれば、経営計画書を作成して成果を上げている5％程度の会社は、経営者自ら財務資料からの検証手法を身に付けているということになります。

　さらに、経営計画書は最初から計画どおりにはいかないものであり、計画どおりにいかないからこそ、定期的な振り返りや改善活動をしていくことで目標達成ができるようになるのです。

（11）なぜ経営計画書は絵に描いた餅になりやすいのか

　経営計画に対するイメージを聞くと、8割以上の経営者は「絵に描いた餅」と言います。前項でも伝えましたが、経営計画の作成をしても経営計画に基づいた行動をしないから成果も出ない。つまり、絵に描いた餅になっているだけです。

　経営計画を作成するにはそれなりの時間を要します。最低でも30〜50時間は割くことになります。

　経営者は多忙なので、経営計画を作成するためだけに時間を割くのは厳しいかもしれません。また、経営計画を作成するときに経営者自身の人生の振り返りをしていないから、計画にブレが出ていることに気づかないということもあるでしょう。加えて、自社の振り返りをしていないことが絵に描いた餅になっている原因なのです。

　しかしながら、経営計画を「絵に描いた餅」にしたいと考えている経営者はいないはずです。そうならないようにするためにはどうすればよいでしょうか。

❶経営計画書作成には10日間、150時間は必要

経営計画は期末の2か月前から作成に取り掛からないと間に合いません。また、経営計画の作成の際には最低でも1週間程度の自主合宿をしたほうがよいでしょう。できれば10日間程度は取り組んだほうがいいのですが、自主合宿をしないにしても2か月で150時間を割いて作成したほうがブレのない、根拠のある、そして毎月の振り返りをしたくなる経営計画になっていきます。

ちなみに150時間のイメージは以下のようになります。自己（経営者自身）の振り返り20時間・自社の振り返り20時間・SWOT分析30時間（SWOTクロス分析やアクションプランも含む）・損益計画策定30時間・資金繰り予定表の策定30時間・予備時間20時間の合計150時間は必要になります。

この時間を割こうとすると、決算日から逆算をして最低でも2か月前、できれば3か月前から経営計画を作成するためのスケジューリングをしないと、中途半端な経営計画しかできません。

❷中小企業はワンマン経営でよい

中小企業の経営計画は中小企業の経営者の生き様を表現しているものです。中小企業はワンマン経営でいいと思います。低能な経営者のワンマン経営は願い下げですが、優秀な経営者がスムーズな意思決定のためにワンマン経営をするのはとてもよいことです。

中小企業は経営（代表権）＝所有（筆頭株主）となっているオーナ経営者が大半です。経営責任は経営者が一人でとらなければなりません。そして、ほとんどの中小企業経営者は銀行融資の連帯保証人になっています。銀行融資における連帯保証人は、返済ができなくなった場合には、代表者個人の資産を換金処分するなど、どうにかして返済をしなければなりません。

したがって、中小企業は銀行からの金融支援をしてもらえなくなった段階で、会社と連帯保証人になっている代表者も同時に自己破産をして、事業継続を断念することになります。

❸自己を分析する

このような最悪な事態を迎えないためには、世間一般的な悪しきワンマン経営にならないようにして、まずは経営者自身が自分のことを知ることです。自分のことを知らないでいると独裁や横暴的な態度を社内でとるようになり、その結果、

組織崩壊が始まるのです。

　自分自身を知るためには、自分の性格を見つめ直す必要があります。性格を見つめ直すために時間を割いて、育ってきた家庭環境や成長過程で自分の性格や考え方がどうなってきたのかを知ることが、経営における意思決定で重要になるのです。

　自分自身の半生を振り返り、経営の意思決定をするときに自分の性格がどのように反映しているのかを知ると、経営計画を作成するときに振れ幅が小さくなっていきます。

❹経営の振り返りをする意味

　自社の経営の振り返りをしていない経営者がじつに多い。現在、経常利益が過去最高であったとしても、経営の振り返りに取り組んでいる経営者は驕ることもなく、冷静に自社の経営判断をしているものです。

　しかしながら、多くの経営者は過去最高益が数年続くと自惚れるようになり、その結果、役員報酬を大幅に増やしたり、意味のないリゾート会員権や高級車を購入したり、効果のない広告宣伝をして、将来の収益に貢献しない無駄な投資をして赤字に転落していくものです。

　そうならないためには、自社の経営の振り返りをすればいい。その最良の道具が決算書です。最低でも5年分、経営者自身が自己分析をします。

　なぜ売上が上がったのか？　どうして赤字になったのか？　そのときに自分は何を思い、どのように経営判断をしたのかを、決算書から読み解くことができなければ、今後の損益計画や貸借計画の根拠を組み立てられなくなります。

　また、過去の数字の振り返りをするときには、反省はしなくてもいいのです。反省をするのではなく、前向きに「教訓」として今後の行動をどのようにしていけばいいのかということを経営計画に落とし込めばいいのです。

（12）経営計画書は「利益増大の魔法の書」

　このように、経営者が自らのことを知り、また経営者の性格が決算書に反映されている事実を真摯に受け止めることができるようになると、会社の業績はすぐに改善していきます。

❶経営の芯

　人は他人から核心を突かれたことを言われると意固地になる傾向にあります。しかし、自分自身で自分の弱点や欠点、長所などを理解して計画を修正していくと、経営に「改善の芯」ができてきます。

　経営の芯とは、経営者自身の芯です。この芯は、自分自身のことを知っています。自分のことを知っているということは、自分の弱さを知っているということです。自分の弱さを知らない人は、虚勢を張るし、業績のよいときに何も考えないで無駄な投資をして、やがて赤字になる傾向があります。

　経営者が自分の弱さや会社の「弱み」を知っていれば、物事を真摯に受け止めます。たとえ黒字になっても、なぜ黒字になったのかを知り、赤字になったときは黒字のとき以上に原因を追求しているものです。

❷経営者は意図的に孤独になれ

　よく「経営者は孤独だ」と言いますが、それは違います。経営者は意図的に"孤独"にならなければなりません。この場合の孤独とは、一人になって冷静に物事を判断するための時間ということです。この時間を意図的に活用して経営計画を作成すると、精度の高い作品ができるようになります。

　また、経営計画を継続的に作成していくようになると、簿記や財務分析や銀行融資の知識がないと戦術が組めなくなるので、必要に迫られて数字の意味を学ぶようになります。成果を出している経営者に財務のことを独学でどのように学んだのかと質問すると、すべての人が「知らないうちに身に付いた」と言います。つまり学んでいるのです。

　自分の弱さを知り、自分の会社の状態を把握したうえでSWOT分析・SWOTクロス分析などに取り組むからこそ、事業戦略が明確になり、より具体的な戦術が見えてくるようになるのです。

　これからは、経営計画を作成するときに、SWOT分析及びSWOTクロス分析を行い、戦略及び戦術を明確にしていくことができないと、つまり根拠のある経営計画を作成できないと、金融機関からの融資支援も満足のいく形ではしてもらえなくなります。

　ちなみに、コロナ禍以降でV字回復をして、同業他社と圧倒的な差別化ができている企業は、コロナ禍以前から精度の高い経営計画を作成するだけでなく、行動し、振り返りをして、改善活動にも粛々と取り組んで利益を増大させているのです。

第**2**章

経営計画書を作成しない8つの弊害

前章で述べたように、「経営計画は絵に描いた餅なので作成しても意味が
ない」「これまで作成しなくても危機を乗り越えられたのでいまさら必要な
い」「そもそもの作成方法がわからないし面倒くさい」など、なくてもよい
理由を挙げて経営計画書を作成しない企業が8割以上にも及びますが、先
の読めないVUCAの時代に、本当に経営計画を作成せずに経営を続けていく
ことが、果たして可能でしょうか。
　第2章では、経営計画書を作成しないままに経営を続けた場合に必ず起
こるであろう"弊害"を8つの視点から考察していきます。

弊害1　過度に会計事務所を頼ってしまい、自分で判断することができなくなる

（1）会社の経営数字を把握していない

　経営者の中には、「営業で売上を作ることは得意だが、数字については苦手なので決算書のことはあまりよくわかっていない。だから売上についてはだいたい把握しているが、それ以上の細かい数字に関しては、経理スタッフと顧問税理士にすべて任せている」と言い切る人に出会うことがあります。

　数字に弱い経営者に共通する特徴として、以下の点が挙げられます。

数字に弱い社長にありがちな**5**つの特徴	●損益計算書の売上や利益の増減くらいしか把握していない ●どの事業部が黒字で、どの事業部が赤字なのかわからない ●人件費や経費の適正な水準やバランスがわからない ●キャッシュフローがプラスなのかマイナスなのかわからない ●会社の利益や損失が今後どのように推移するか予測できない

　会社の数字を把握しないままではまともな経営ができるはずもなく、たとえ業績がいいときであっても、なぜうまくいっているのか、さらによくしていくにはどのような方策をとればいいのかなどについて、数字を基準にして判断せずに、経験と勘だけに頼ってしまう傾向があります。

　これだけ外部環境の変化が激しい現代においては、さまざまな要因によって業績が大きく悪化する危険性も十分考えられるのですが、このような経営者は、悪化しだした途端に、何から手をつけて、どうしていけばいいのかを判断する基準がないため、根拠のない売上目標を掲げて営業部に発破をかけたり、唐突な人件費の削減を言い出すなど、場当たり的な行動に走ってしまいます。

その結果、なんの効果もないままに時間だけが経過し、ついには取り返しのつかない状況に陥ってしまうことが予想されます。

　そうならないためにも、経営者は自分で数字について学び、最低限の財務リテラシーを身に付ける必要性がありますが、多忙を理由にして数字に関しては自社の経理スタッフと会計事務所に丸投げし、すべて任せてしまおうとする無責任な"社長"が多いのです。すべて自分の責任のもと、経営計画を立案・遂行する、本当の意味での「経営者」というのは、一握りしか存在しないのが実状です。

(2) 税理士の独占業務

　では、頼られるほうの会計事務所ですが、本当に彼らに任せればすべてうまくいくのでしょうか。それを論じる前に、まずは会計事務所の本来の役割とはどのようなものなのかについて確認してみます。

　会計事務所の中核人材である税理士には独占業務があり、その仕事は法律で厳密に定められています。

> **税理士法　第1条（税理士の使命）**
> 　税理士は、税務に関する専門家として、独立した公正な立場において、申告納税制度の理念にそって、納税義務者の信頼にこたえ、租税に関する法令に規定された納税義務の適正な実現を図ることを使命とする。

　税理士の業務は大きく分けると、

> ①税理士の独占業務：「税務代理」「税務書類の作成」「税務相談」（税理士法第2条第1項第1号から3号）
> ②それに付随する業務：「会計帳簿の記帳代行」「決算書等の財務諸表の作成」「経営に関するアドバイス等」

　の2つに規定されています。

❶税理士の独占業務

〈税務代理（第2条第1項1号）〉

　税務署への申告、その申告に関する税務署の調査や処分に関して税務署に対する主張、陳述を納税者に代わって行います。具体的には、税務署に申告書を提出し、税務調査に立ち会い、その後の税額確定の交渉、修正申告がある場合はその修正申告書の作成を納税者の代わりに行います。

〈税務書類の作成（第2条第1項2号）〉

　税務署に提出する申告書の作成を行います。具体的には、

- ● 確定申告書の作成
- ● 法人税申告書の作成
- ● 償却資産税申告書の作成
- ● 源泉所得税納付書の作成
- ● 法定調書の作成

などが該当します。

　最近は会計ソフトの性能が向上して、日々の記帳から決算書の作成までは自社で行い、申告書の作成のみを税理士事務所に依頼する会社も増えています。

〈税務相談（第2条第1項3号）〉

　税金の計算方法、納税の手続き、税務署への申告方法、及び税務調査への対応方法、処分に対する主張について、納税者からの相談に応じます。

　これら税理士の独占業務については、有償、無償を問わないため、仮に無償であっても税理士資格を有しない者が代行で税務申告などを行うと、税務代理に該当するため、税理士法違反ということになります。

❷それに付随する業務

　これは多数ありますが、主なものとしては、会計帳簿の記帳代行、決算書等の財務諸表の作成、経営に関するアドバイス等となります。

　この「経営に関するアドバイス」というのが、じつは弊害になっている場合が多いのです。

　会計事務所は、会社の経営成績と財務状態を把握していることから、経営者の

経営相談相手になることも多いのですが、それは税理士本来の業務ではなく、税理士法にも明確な規定がないことから、あくまでも付随業務の範疇に収まるべきものです。

　もちろん、会計業務とは別に、経営コンサルタントとしての知見と経験を十分に持ち合わせた税理士も存在しますが、きわめて少数です。大半の税理士は税務のエキスパートではあるけれど、経営や財務のコンサルタントとして十分だとは言えないにもかかわらず、経営者の相談相手になっているケースが多いのです。

　しかし、数字に弱い経営者にとっては、税理士＝経営を熟知し「適切な判断をしてくれるはず」との思い込みから、必要以上に期待し、数値計画の策定までも丸投げにしてしまうことがあります。

　顧問先のビジネスモデルを理解し、業界に関する知識、情報を常に捉え、保有する経営資源や競合他社との比較優位性など、その企業独自の「事業性」を正確に把握したうえで、これに基づいた根拠のある経営計画を立案し、数値にまで落とし込むことができる会計事務所であれば問題ないでしょう。

　しかし、ある程度の規模の会計事務所となると、資格を持った税理士が毎回顧問先を訪問することはなく、税理士資格取得に向けて勉強中の若い所員や、勤続年数は長いですが、会社経営を経験したことがないベテラン所員が実務的なやりとりを行っています。

　彼らが顧問先の事業性を把握し、今後の経営戦略を策定して、それに伴った売上目標設定まで行うことは残念ながら難しいでしょう。

　したがって、対前年度比○○％アップ（もしくはダウン）といった根拠なく当たり障りのない計画数値を策定するのが関の山となります。

　これではいくら計画書ができても、結局、経営者をはじめ、従業員も自分たちがこの目標に向かって真剣に取り組もうという気持ちにはなれないでしょう。単なる絵に描いた餅の経営計画であることから、自社の進むべき方向性や達成すべき目標が明確にならないだけでなく、取引先や金融機関に対しても熱意をもって自分事として伝えることができません。

　そのような計画では、むしろマイナス評価を受けてしまう危険性をはらんでいるのです。

弊害2	感覚を重視するため再現性がなく、経営を振り返るためのノウハウが蓄積されない

(1)「経験と勘」による経営

　自分で事業を立ち上げて成功した創業社長によく見られる傾向ですが、「自分が培ってきた独自の経験と勘でビジネスを切り開き、会社を今まで引っ張ってきた」という強い自負があり、これからもその経験と勘で十分にやっていけると自信を持っていたりします。

　創業時、ゼロの状態からスタートして顧客を開拓し、事業規模を拡大して従業員を雇い、徐々に会社としての組織を作り上げてきた経営者にとっては、まさに「経験と勘」が拠り所でした。

　取引先や業界内での付き合いから得られる情報、従業員から聞こえる競合の動きなど、現場の状況にも細かく目を配り、自社が成功するための戦略を、経験則や肌感覚から磨いてきたのです。

　この側面だけで捉えれば、「経験と勘」による経営は否定されるものではなく、そのような創業者の苦労なくして現在の礎を築くことはできなかったでしょう。それが重要な判断基準であったことは間違いありません。ただし、これはあくまでも創業経営者しか持ちえない経営のノウハウなのです。

(2) PDCA サイクルを回している会社はステップアップする

　一方、これまではうまくいっていたとしても、今後も「経験と勘」にのみ頼った経営が永続的によい方向に作用するかといえばはなはだ疑問です。

　「経験と勘」の対極に位置する概念の一つに、業務を計画の時点から管理して継続的に改善する「PDCA サイクル」という手法が広く一般的に使われています。

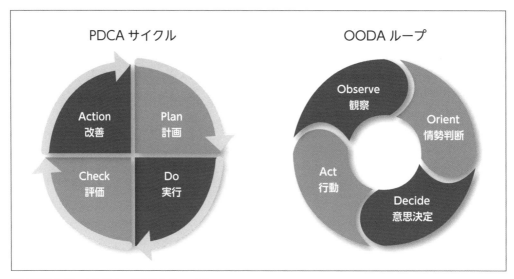

■ PDCA サイクルと OODA ループ

　Plan（計画）Do（実行）Check（評価）Action（改善）の４つのステップ
から構成されていますが、Plan では実行する計画の立案、及び実現するための
手法や評価方法までを決定し、Do では実際にその計画を実行、そして Check
ではその結果を振り返り、数値を用いて具体的に評価、最後にそれをふまえて
Action では、さらに高い成果を生み出すための改善策を策定したうえで、再び
Plan に戻り、これを螺旋階段を上るように循環させていく手法です。

　実際に PDCA サイクルをすべて回して成果を上げている会社は、1,000 社のう
ちせいぜい 50 社程度に絞られるといわれていますが、この 50 社はまずアクショ
ンプランを立て、PDCA サイクルを回しながら、予実を管理すると共に、それ
ぞれの段階で必ず「振り返り」まで行ったうえで、次のステップに進んでいます。

　一方で経営計画を立てず、「経験と勘」だけで経営した場合には、この PDCA
サイクルは成り立たず、ただ経営者の頭に思いついたアイデアを、Do（実行）
し続けるだけに終始してしまいます。

(3)　「経験と勘」は受け継ぐことができない

　これでは Plan（計画）も明確に示されず、Do（実行）した結果に対する、Check（評
価）や Action（改善）も実施されないことになり、常に Do ! Do ! Do ! と、
場当たり的な進め方に陥ってしまうため、結果を振り返るために必要な土台の積

み上げもなく、いつまで経っても再現性のある仕組みを構築することができません。

　資本力の乏しい中小企業の場合、どんなに優れた技術を持っていても、今がどんなに良好な経営状況でも、たった一つの誤った経営判断によってすべてを失ってしまうリスクは、資本力の豊かな大企業とは比べものにならないほど高いと言えます。

　経営者の経験と勘から繰り出される「Do」が常に的確であり、会社を成長させる原動力になっているのであればまだしも、これだけ外部環境が激しく変化する現代において、それは常に宝くじを当て続けるようなものです。

　また、急激な変化にさらされる環境下で、PDCA サイクルよりもさらに効果を発揮しやすい意思決定方法として「OODA ループ」という手法を最近よく耳にするようになってきました。

　もともとはアメリカでできた軍事用語ですが、「Observe（観察）」「Orient（情勢判断）」「Decide（意思決定）」「Act（行動）」の 4 つの要素で構成され、綿密な「計画」を起点に行動する PDCA サイクルに対して、「観察」つまり何が起こるか予測不可能な環境変化を前提としていることに大きな違いがあります。

　OODA ループを用いることで、計画通りに事が進まなかった状態であっても、経営者の経験と勘によるトップダウンではなく、現場で的確な情勢判断を行い、柔軟に対応していきながら、競合他社と比べて優位性を高めていくことが可能となります。

　また「経験と勘」は属人性が非常に強いことから、会社経営を安定的に長く継続するうえで大きな問題となりかねません。カリスマ性のある創業社長が経営しているときにはよい方向に作用していたものが、高齢化で世代交代となれば、たとえ後継者がその子息だったとしても、創業者が培ってきたものをそっくりそのまま継承することは不可能です。

弊害3 | 急激な外部環境の変化に対応できず、すぐに窮境状態に陥ってしまう

(1) 大きく変化した外部環境

2022年は、多くの要因によって、経済環境が大きく変化した1年となりました。2020年から続いたコロナ禍だけでなく、ロシアによるウクライナ侵攻、世界的なインフレ、各国の金融引き締めによる景気減速、台湾有事の懸念、中国によるゼロコロナ政策など、これまでは順調だったグローバル経済の仕組みの根幹を揺るがす事態に陥りました。

日本においても、大きく進んだ円安と資源高の影響から急激な物価上昇に見舞われており、総務省が発表した2023年4月度の消費者物価指数によれば、前年同月比で3.5%の上昇を記録、これは1982年2月以来の上昇幅となっています。

(2) VUCA時代はずっと続いていく

2023年に入ってからは、コロナ禍の収束による訪日外国人数の増加、それに伴うインバウンド需要の回復、景況感の改善による株価の上昇など、前年から比べるとポジティブな兆しも見出せていますが、これは今後安定して継続するものではなく、第1章で述べた不確実な「VUCAの時代」は今後も続いていくことになるでしょう。

VUCAの時代においては、大きな変化が急速なスピードで起こるため、例えば、これまでならば10年周期の変化だったビジネスモデルが、5年どころか、1年単位の短い期間で成り立たない環境へと変わってきたりします。従来のビジネスモデルに固執することなく、新たな人の生活環境に適合した商品やサービスを生み出し、提供できる柔軟性が今後一層求められることになるでしょう。

(3) 会社組織の在り方が大きく変化する

　また、組織の在り方も、従来のように総務、営業、生産などの部署に分けられ、それぞれが決められた業務を遂行するような固定化されたものではなく、流動的で不確実な顧客の要望、外部環境に対応できるマルチスキルな人材の育成が求められるとともに、それを支えることができる柔軟かつスピーディな組織の変化が、これからの時代を生き抜くためには必須条件になります。

(4) 会社を取り巻くさまざまな環境の変化

　さらには以下に述べるような、エネルギー環境への対策や、働き方改革といった、コストアップにつながる外部環境の変化も避けて通ることができません。

❶クリーンエネルギーと環境対策
　気象災害の増加など、地球温暖化による影響はもはや無視できないものになっています。世界規模で温室効果ガスの排出量削減が進み、多くの企業が社会的責任として、これらの取り組みに協力することが求められています。
　また、欧州連合（EU）は持続可能な経済活動を行うための「サーキュラー・エコノミー・パッケージ」を採択しており、それに適合しない企業を将来的に法

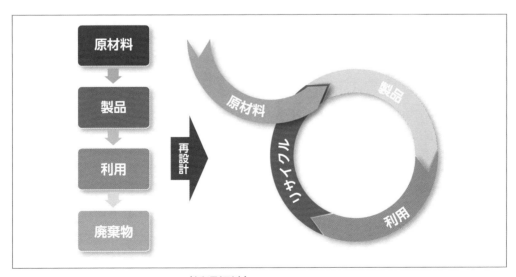

■サーキュラー・エコノミー（循環経済）

的規制で排除する可能性も考えられます。

　こうした潮流に対応すべく、多くの企業は増えるコストを負担しながらも、クリーンエネルギーの導入を進める必要に迫られているのです。

　この影響を受けるのは大企業ばかりでなく、例えば 2015 年に採択されたパリ協定が求める温室効果ガス削減目標の指標「SBT（Science Based Targets）」は、サプライチェーン全体における温室効果ガス排出量についての目標を定めていて、大企業は今後、取引先である中小企業にもエネルギーの見直しを求めることが考えられます。その結果、今まで想定していなかったようなコストアップにつながる設備投資を受け入れざるを得ない状況が起こるかもしれません。

❷働き方改革関連法

　2019 年 4 月に働き方改革関連法が施行され、中小企業も順次その対象となり、2020 年 4 月 1 日から残業時間の規制が、2021 年 4 月 1 日からは同一労働・同一賃金の適用が義務化され、2023 年 4 月 1 日からは残業時間月 60 時間超の割増率が引き上げられました。これは、労働者にとっては労働環境の改善となるため喜ばしいことではありますが、経営者にとっては、資金的・人的なコストアップにつながることになります。

(5) 不確実な時代だからこそ仮説を立て、PDCA を回す

　これらの環境変化に対応するうえで、「ヒト」「モノ」「カネ」「情報」などの経営資源が豊富な大企業であれば、柔軟に適応していくことも可能でしょうが、経営資源が脆弱な中小企業にとっては、いくら状況を把握できたとしても、適時適切に対応することは非常に困難です。

　先読みができない、不確実な時代に直面している中小企業にとっては、数年先の経営計画よりも、まずは目先のことに集中すべきだと判断してしまいがちですが、むしろその考え方が、自らを窮境状態に追い込んでいることに気づかなければなりません。

　いま一度自社の置かれた環境や、その中で何を優先すべきかを自ら分析し、経営資源が脆弱であっても進むべき方向性についての仮説を立て、PDCA を回し続ける、さらには OODA ループを用いて柔軟に対応していくことこそが、これからの時代を生き残るための必須条件と言えるでしょう。

弊害4　銀行からの要求に対して、「言われるがままの取引」となりやすい

　中小企業は常にさまざまな経営課題に向き合っており、競合企業の攻勢、需要の低迷、原材料価格の高騰、協力企業（外注先等）の倒産や廃業、急激なニーズ変化への対応、設備の老朽化・不足、人件費の増加、販売価格の低下・上昇、資金不足、従業員の確保、取引条件の悪化等々、枚挙にいとまがありません。

　その中でも、常に頭を悩ます課題の筆頭に挙げられるのが、事業資金の調達ではないでしょうか。

(1) 資金調達 8 つの必須条件

　資金調達にあたっては、間接金融（金融機関等からの借入）に頼らざるを得ませんが、金融機関から融資を受けられるかどうかのポイントは、自分が人にお金を貸すかどうかを考えるときと同じです。例えば、誰かに「お金を貸してほしい」と言われたら、あなたは何を質問するでしょうか。

　まず、「借りる理由」から始まって、いろいろ質問して確認するでしょう。

金融機関から融資を受けるための **8** つの条件	● なぜ必要なのか（借入の必要事由） ● いつ借りたいのか（融資期間） ● いくら借りたいのか（融資金額） ● 何に使うのか（資金使途） ● どのようにして返すのか（返済財源） ● 返せなかったらどうするのか（保全） ● どれくらいの期間借りたいのか（融資期間） ● 利息はどれだけ払ってくれるのか（レート）

　そして、上記の 8 つの条件がすべてそろっていれば、お金を貸してもいいと思

うのではないでしょうか。これは金融機関からの融資においてもまったく同じことが言えます。

　銀行は、第三者からお金を集めて運用していますが、集めたお金の6～7割を融資として貸し出し、その利ざやを利益としています。預かったお金を原資として経営しているため、利益を出さず赤字経営が続けば、多くの預金者が信用不安を起こしてお金を引き出すと言い出し、その支払いができなくなるリスクを背負っています。

　したがって、誰にでも貸せるわけではなく、これら8つの条件がそろった相手、つまり貸したお金をきちんと返してくれるかどうかを見極めたうえで、融資の判断をしているのです。

(2) 根拠を説明できなければ銀行は貸さない

　資金使途や融資希望金額、返済財源、保全について聞かれたときに、例えば「借りられるだけ借りておきたい」や、「当社に残っている融資枠があれば、その分を借りたい」など、具体的な必要金額の根拠を説明できない経営者であれば、お金を貸しても返ってこないと判断され融資の稟議が通ることはありません。

　ならば、経営者がこれら8つの必須条件を適確に答えることさえできれば、銀行は融資してくれるのかといえば、事はそんなに単純なものではありません。コロナ融資の返済が本格的に始まった2023年になってから、"貸し渋り"や"貸し剥がし"など、中小企業の資金需要に応えられない銀行を揶揄する言葉を再び耳にするようになってきましたが、実際に銀行は貸したくても貸せない状況となっているのです。

　その理由として、日本の金融制度を世界標準に合わせるために行った「金融制度改革」が大きくかかわっています。この改革では、銀行が自己の保有する資産、つまり貸出先への融資の状態を査定する「自己査定」を実施し、回収に懸念があると判断した場合は、そのリスクに対応する引当金を計上しなければならなりません。

　一方で、銀行は財務上の健全性を確保するため、一定水準以上の自己資本比率を維持することが義務付けられています。引当金の増加は、自己資本比率の低下要因となるため、コロナによる中小企業全体の業績悪化が進む中、増加するリスクにつながる新規融資をできるだけ控え（貸し渋り）、逆にこれまでに貸した融

資については、できるだけ早く回収する（貸し剥がし）ことが徹底されるようになってきたのです。

（3）「銀行格付け」による融資先のランク付け

　金融機関は、その引当金の割合や融資の可否を判断するために、どのような基準を用いて決定しているのでしょうか。それが次に述べる「銀行格付け」と呼ばれる、融資先のランク付けを行うリスク管理の仕組みです。

　「銀行格付け」では、融資の実行の有無だけでなく、金利水準、担保の水準、審査要件の内容、さらには審査プロセスまで影響を及ぼしており、金融機関は適切なリスク管理を行うため、格付けに基づいた融資スタンスを確立しています。

　「銀行格付け」は、1999年以降に金融庁により導入された「金融検査マニュアル」が起源となっています。当時、バブル崩壊に伴う不良債権の増大によって金融機関の経営が悪化、なかには経営破綻する銀行まで出る状況だったことから、融資先企業の経営内容・財務実態を決算書をもとに把握し、貸倒れの引当率に応じて、「正常先」「要注意先」（要注意先は、さらに①その他要注意先、②要管理先に区分）、「破綻懸念先」「実質破綻先」及び「破綻先」に債務者の区分（ランク付）を行いました。これが「銀行格付け」です。

　金融検査マニュアル自体は2019年12月に廃止されましたが、金融機関は依然

債務者区分		概　要
正常先		業績が良好であり、かつ財務内容にも特段問題がないと認められる債務者
要注意先	要注意先	金利減免・棚上げを行っているなど貸出条件に問題のある債務者、元本返済もしくは利息支払いが事実上延滞しているなど履行状況に問題がある債務者のほか、業況が低調ないしは不安定な債務者や、財務内容に問題があり今後の管理に注意を要する債務者など
	要管理先	要注意先のうち、3か月以上の延滞または貸出条件を緩和している債務者
破綻懸念先		経営破綻の状況にはないが、経営難の状態にあり、経営改善計画の進捗状況が芳しくなく、今後経営破綻に陥る可能性が大きいと認められる債務者
実質破綻先		法的・形式的な経営破綻の事実は発生していないものの深刻な経営難の状態にあり、再建の見通しが立たない状況だと認められるなど、実質的に破綻状態に陥っている債務者
破綻先		法的・形式的な経営破綻の事実が発生している債務者

として「銀行格付け」の仕組みを使い、中小企業の格付けを継続しているのです。

　債務者区分に関しては、金融庁のホームページで概ね公開されていますが、これらを見ても実態がよくつかめないことから、その具体的なイメージを詳しく説明していきます。まずは、債務者区分のそれぞれの定義から見ていきます。

❶正常先

　実質債務超過になっていないこと、繰越欠損金がないこと、営業利益が2期連続で赤字でないこと、その企業が何年で借入金の返済をできるかを示した「債務償還年数」が10年以内で収まっているのであれば、おおむね正常先に該当します。

❷要注意先

〈要注意先〉

　要注意先は繰越欠損金が計上されており、営業利益が2期連続で赤字になっている場合や、既存融資の返済を事実上遅延している企業を指します。また、債務償還年数が10年以上20年以内の場合は要注意先に該当します。条件変更をしていなければ、信用保証協会の保証付き融資で取り扱われるケースが多く、仮に繰越欠損金があっても、後述する3次評価でランクアップできる可能性もあるので、一概に判断しないよう注意が必要です。

〈要管理先〉

　要注意先と概ね同じイメージですが、返済条件の変更をしている企業は、要管理先に分類され、新規融資は基本的に受けられなくなります。返済条件の変更とは、「借入金の元金返済を止める」「当初の融資期間を延長する」（リスケ）などのことを指しています。

❸破綻懸念先

　2期連続で実質債務超過になっている、実質債務超過解消年数が5年以上になる、債務償還年数が20年以上になっている、融資元本及び利息の支払いを6か月以上延滞している、経営改善計画書の提出をしているが履行状況が芳しくない、という状態の企業がここに該当します。

❹実質破綻先

　法的・形式的には経営破綻の事実は発生していないが、自主廃業により、実質

的に営業を行っていないと認められる企業がここに該当します。

❺破綻先

すでに営業は行われておらず、破産などの法的手続きが開始されていたり、手形の不渡りによる取引停止処分となっている企業が該当します。

(4) 銀行格付けの手順

次に銀行格付けが、どのような手順で行われているかについて説明していきます。格付けの評価は3段階に分かれており、1次評価（定量評価）、2次評価（定性評価）、3次評価（潜在返済力）を経たうえで、最終的な判断が下されます。

❶1次評価

1次評価は定量評価であり、決算書の財務分析が行われます。金融機関によって多少の違いはありますが、満点は129点で、目安として55点が、無担保で融資を受けられるかどうかのボーダーラインとなっており、27点を下回ると融資を受けられないことになります。

❷2次評価

2次評価は定性評価であり、市場動向、経営者・経営状態、競合状態、従業員のモラル等、定性要因11項目に対して、71点を満点として評価されています。しかし、これを評価する金融機関の担当者は、経営コンサルタントではないため、目に見えない融資先の定性部分を客観的に評価することが困難であり、結局、1次評価の結果に準ずるような形で点数付けをすることが多いようです。

つまり、定量評価が高ければ、定性評価の点数も高くつけられ、決算書の内容が悪く、定量評価が低い場合には、定性評価も低く抑えられてしまう傾向だと言えます。

地域に密着し訪問頻度の高い、信用金庫や第二地銀では多少考慮のうえで評価していることもありますが、メガバンクや大手地方銀行においては、形骸化しているケースが多く、格付け評価をするうえで、あまり重要視していないというのが実状でしょう。

■銀行格付け（自己査定）のフローチャート

参考要因	
	貸出実績
	担保（裸与信）
	地元業界評判
	他行シェア
	業績

		定量分析項目（129点）		配点
1次評価	定量分析 財務分析	安全性 （34点）	自己資本比率	10
			ギアリング比率	10
			固定長期適合率	7
			流動比率	7
		収益性 （15点）	売上高経常利益率	5
			総資本経常利益率	5
			収益フロー	5
		成長性 （25点）	経常利益増加率	5
			自己資本額	15
			売上高	5
		返済能力 （55点）	債務償還年数	20
			インタレスト・カバレッジレシオ	15
			償却前営業利益	20
			合計	129

スコア	格付		債務者区分
116以上	1	リスクなし	正常先
103～115	2	ほとんどリスクなし	
82～102	3	リスク些少	
65～81	4	リスクはあるが良好水準	
52～64	5	リスクはあるが平均的水準	
32～51	6	リスクはやや高いが許容範囲	
27～31	7	リスク高く管理徹底	要注意先
19～26	8	警戒先	要管理先
12～18	9	延滞先	破綻懸念先
11以下	10	事故先	実質破綻先・破綻先

		定性分析項目（71点）	配点
2次評価	定性分析 将来返済力	① 市場動向	10
		② 景気感応度	3
		③ 市場規模	4
		④ 競合状態	7
		⑤ 業歴	5
		⑥ 経営者・経営方針	10
		⑦ 株主	5
		⑧ 従業員のモラル	3
		⑨ 営業基盤	10
		⑩ 競争力	7
		⑪ シェア	7
		合計	71

	潜在返済力	潜在返済力
3次評価	実質同一体 実態BS 他行支援	① 実態BS、個人収支、資産余力
		② 他行支援
		③ 返済状況の実態

2ランクUP
1ランクUP
ランクUPなし
1ランクDOWN

総合的判断	
	銀行全体の与信政策
	ポートフォリオ
	その会社の取引完成
	銀行の収益採算

❸3次評価

　3次評価は潜在的な返済能力の評価であり、「財務状態の実態把握」「返済状況のチェック」「代表者個人の資産背景のチェック」を行っています。

　「財務状態の実態把握」とは、銀行は提出された決算書をそのまま評価することはなく、不良債権、架空債権はないか？　不良在庫、架空在庫はないか？　固定資産の減価償却は適切に行われているか？　有価証券や不動産に含み損益はないか？　など、細かく精査したうえで実態に置きなおして修正評価を行っています。したがって、精査の結果、帳簿上は資産超過であっても、実態は債務超過に陥っていると評価されることもあります。

　「返済状況のチェック」は、これまでの借入金の返済状況を確認し、延滞がないか、あった場合はどれだけの期間、延滞しているのかについて確認し、決算書の状況と合わせて、AからDまでのランク付けを行っています。

　「代表者個人の資産背景」が評価に含まれるのは、ほとんどの場合、経営者は連帯保証人であり、銀行は経営者個人の財産も返済財源として認識しているからです。経営者の役員報酬額と家族構成を確認し、生活実態のヒアリングをしたうえで、余剰資金つまり、貯金に回せるお金があると判断した場合は、それを融資の返済原資として加算しています。また、個人資産（預貯金、上場株式、生命保険の解約返戻金、不動産など）に関しても、みなし担保として捉えられることが多いでしょう。

（5）銀行は格付けの内容を明かさない

　このように銀行は、過去の決算書内容からの定量評価、定量評価の結果に準じた定性評価、さらには実態把握と資産背景を加味したうえで融資の可否を判断しているわけですが、新規融資を受けることが可能な債務者区分は、「正常先」、そして諸々の条件が付く前提での「要注意先」までが限界であり、要管理先以下の企業は原則、新規融資を受けることができません。

　しかし、銀行は融資先企業に対して、査定の結果やランクをどう付けているのか、その詳細をフィードバックすることはないため、企業にとっては、自社がどのような評価をされているのかわからないまま、銀行の言いなりで融資を受けているケースがほとんどです。

　例えば、格付けの点数が「正常先」の上位に分類されている場合、通常であれ

ば銀行が自身の責任で融資を実行する「プロパー融資」による対応が可能な財務状況であるにもかかわらず、銀行側のリスク回避の目的から、融資先企業が保証料を支払ったうえで融資を受ける、「信用保証協会の保証付き融資」での対応を求められるケースがそれにあたります。

　また、商品を仕入れて販売し代金回収までに必要となる「運転資金」（経常運転資金）への融資に関しては、本来であれば元本返済はせずに金利だけを支払う「短期融資」での対応が可能なのに、銀行にとって長期にわたって金利が得られ、毎年の煩雑な手続きを必要としない「長期融資」で対応しているケースがほとんどです。

(6) 銀行と企業間には情報の非対称性が存在する

　このように、借りる立場の中小企業に対しては、すべての情報を提供させたうえで、銀行にとって都合のよい融資方法を押し付けているにもかかわらず、その企業の評価については情報を提供しない、いわゆる「情報の非対称性」が、企業と銀行の間には常に存在しています。

　こうしたことを解消し、少なくともお互いが同じ土俵に乗って交渉していくためには、自社で銀行格付けを含めた分析と現状把握を行ったうえで、融資の期間や金額について、積極的に希望を伝えていくのが本来あるべき姿なのではないでしょうか。

　また、融資が困難な状態であったとしても、経営を立て直し、赤字を解消していくという経営者の意欲と、黒字化への道筋を明確に示した経営計画、債務超過の解消可能年数などを具体的に説明することができれば、銀行の対応も違ってくる可能性があります。

　一方で、経営計画書も作らない、「どんぶり勘定経営者」や、「計数管理能力の低い経営者」は、たとえ現状の格付けが「正常先」であったとしても、銀行からは今後の経営状態を疑問視されるかもしれません。

弊害5　銀行から積極的に支援を受けることが難しくなる可能性がある

(1) 金融庁の方針が大きく変わりつつある

　銀行格付けの2次評価、つまり企業の定性評価に関して、これまであまり重要視されていなかったことは先に述べましたが、最近になってその状況が大きく変わりつつあります。

　金融庁は、2014年9月の「金融モニタリング基本方針」の中で、「事業性評価」という指針を打ち出していますが、これは担保や保証に頼らず、借り手企業の実態に基づいた評価を行ったうえで融資を行うよう、各金融機関に対して指導したものです。

　つまり、これまでのような担保・保証人への依存から脱却し、ビジネスモデルの持続的な成長性に着目して企業を評価しようという考え方です。

　銀行が企業を評価するこれまでの仕組みは、弊害4でも述べたように、決算書類から得られる情報だけを前提として、定量で評価する方法が中心でした。しかし、これでは実績ベースだけで企業の収益性や財務の安全性、事業の成長性、債務の返済能力などについて評価する、つまり「過去」だけを評価の基準としており、これからの「未来」については、融資を判断するうえでまったく考慮されていませんでした。

　例えば、財務的な基盤こそ弱いが、これからも地域に必要とされ続けるであろう企業の再生支援や、既存事業は厳しいけれど将来性の見込める新規事業を伸ばしつつある企業などに対しても、過去の実績ベースでは評価されないため、融資の許可が下りない可能性が高かったでしょう。

　金融庁も、これまで「事業性評価」と打ち出してはおきながら、金融機関に対して徹底的に実行するような指導までには至らず、この状態が続けば形骸化してしまう恐れも懸念されていました。しかし、今回の新型コロナウイルス感染症に

よる中小企業への深刻な影響をふまえ、改めて事業性の評価に軸を置いた融資の判断を行うよう、金融機関に対して本気で促す動きへと変化してきています。

（2）事業成長担保権

さらに2022年11月には、首相の諮問機関である金融審議会が、無形資産を含めた事業全体に対する担保制度「事業成長担保権」の創設に向けた作業部会を開き、早ければ2023年の国会で新法案を提出する運びとなっています。

事業成長担保権とは、「法人の債務（将来発生する債務を含む）を担保するために設定する担保権」であり、その目的物は、不動産や債権のほか、契約上の地位、知的財産権、のれん等（将来発生するものも含む）、さらには技術力やブランドといった無形資産を含めた事業全体を担保にして、金融機関から資金を調達できる制度です。

要するに、「不動産担保・個人保証に依存した融資から脱却せよ」「事業性を評価し、金銭仲介機能を発揮せよ」という、金融機関も一定のリスクをとって融資すべきだという、近年の指導方針に基づいたものですが、それに加えて"担保法制"という法的な制度面の裏付けを持つことで、さらに強い動機付けを行っていこうとするものです。

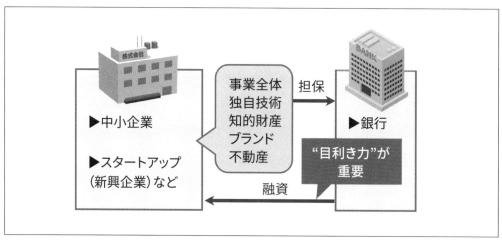

■事業成長担保権のイメージ

（3）銀行の対応能力

　このような流れの中で、銀行は今後より一層、事業そのものについての理解を深めることが必要となり、その範囲は融資の査定を行う段階だけにとどまらず、融資後の継続したモニタリングにまで及ぶこととなるでしょう。

　しかし、それを担うべき現場の担当銀行員は、数値だけでは測れない企業の事業性を把握し、目利きができるような状態までの経験を積んできているのでしょうか。

　答えは残念ながら、ほとんどの銀行で、そのような準備ができていない状況にあります。

　現場の担当銀行員は、入社5年目くらいまでの若手社員であることが多く、中小企業の実態を深く掘り下げるだけの経験が豊富であるとは言えません。また、先にも述べたように、金融検査マニュアルの弊害によって、この20年の間、銀行は融資先との対話よりも資産査定に集中して、不良債権をどう回収するかに主眼を置いてきたため、企業の育成や発展を通じて地域経済の活性化に貢献するという、銀行本来の役割を果たすことを放棄してきました。

　つまり、以前の銀行員が培ってきた目利きを養う勘所や、ノウハウの伝承がまったくされないまま途絶えてしまっているのが実状です。

　加えて、預金や融資以外にも、投資信託、生命保険、さらにはデリバティブ商品まで、銀行が取り扱う金融商品が多岐にわたるようになり、しかも、現場の銀行員はそれぞれに重いノルマを課せられるため、常に目標数字に追われる状態が続いています。

　したがって、事業性を評価するノウハウも時間的余裕もない、いわば自社のことを何もわかっていない担当銀行員に対して、定量数値だけでなく、自社の事業価値や将来性、競合との差別化要因など、数字で表れない定性的な部分までをいかに具体的に、わかりやすく伝えていけるかが、今後、中小企業が融資を受けるうえでの非常に重要なポイントとなってくるでしょう。

　その土台となるものが経営計画書であり、金融庁の方針に従って各金融機関が事業性を重視した融資をさらに推進していくこととなれば、根拠のある経営計画書を作らず、自社の事業性をきちんと伝えることができない経営者では、銀行からの積極的な支援を受けることがますます難しくなっていくでしょう。

弊害6　資金繰り表が作成できないため、これからもずっと資金繰りに悩まされ続ける

(1) 黒字企業でも資金ショートすれば倒産する

　経営者が企業を経営するうえで遂行すべき仕事には、経営方針・戦略の決定、売上や利益計画の策定、人材戦略など多岐にわたりますが、その中でも最も重要なのが、ゴーイング・コンサーン（継続前提）という言葉でも示されるように、会社を潰すことなく、将来にわたって継続させることではないでしょうか。

　そのために売上を伸ばし、利益を増やしていくことが重要ですが、それさえできれば会社は潰れないのかといえば、これは大きな間違いです。

　企業の売上や利益などの損益を表すものが「損益計算書」ですが、これは主として発生主義（実際の現金収支ではなく、事象の発生時点で収益または費用として計上する考え方）によって会計処理されるため、損益で表された数字と実際の現金収支は必ずしも一致しているわけではありません。

　一方、実際の経営においては、現金の出入りがたえず発生するため、現金主義（現金の出入りをもとにする会計原則）でお金の流れを捉える必要があります。

　損益計算書はあくまでも過去の事業における収支を確認することしかできず、現在から将来の現金預金残高の推移や、資金の流れを事前に把握しなければ、たとえどんなに利益が出たとしても手元資金が不足し、期日までに支払いができないことで、いわゆる「黒字倒産」に陥ってしまう危険性があるのです。

　東京商工リサーチが行った2022年度の「倒産企業の財務データ分析」調査によると、2022年に倒産した企業のうち、最終赤字だった企業は62.9％だったことが明らかになっています。これは逆の見方をすれば、倒産した企業の4割弱は、直近の決算が黒字にもかかわらず倒産していたことになります。

　一方で赤字経営であったとしても、手元資金さえ枯渇せず回すことができていれば、倒産せずに経営を継続することが可能となるため、未来の資金の流れを予

測して、資金ショートの危機を未然に防ぐことが、経営を継続するうえで何よりも重要だと言えるでしょう。そして、それを管理するツールとして活用するのが「資金繰り表」なのです。

■月次資金繰り表の例

		令和〇年				令和△年			累計
		4月予定	5月予定	6月予定		1月予定	2月予定	3月予定	
月初繰越残高									
経常収入	現　金　売　上								
	売　掛　金　回　収								
	カード売掛金回収								
	そ　の　他　収　入								
	《　経　常　収　入　》								
経常支出	現　金　仕　入								
	買掛金支払（振込）								
	人件費（給与・賞与）								
	社会保険料（預り金）								
	労働保険料（預り金）								
	市県民税（預り金）								
	地　代　家　賃								
	経　　　　　費								
	保　　険　　料								
	支　払　利　息								
	租　税　公　課								
	未　払　消　費　税　等								
	未　払　法　人　税　等								
	そ　の　他　経　費								
	《　経　常　支　出　》				~				
【　経　常　収　支　】									
設備収支	《　設　備　収　入　》								
	《　設　備　支　出　》								
【　設　備　収　支　】									
財務収支	A　　銀　　行								
	B　　銀　　行								
	《　財　務　収　入　》								
	C　　銀　　行								
	D　　銀　　行								
	E　　銀　　行								
	A　　銀　　行								
	B　　銀　　行								
	《　財　務　支　出　》								
【　財　務　収　支　】									
【　合　計　収　支　】									
月　末　繰　越　残　高									

（2）企業が資金繰り表を作成していない理由

　極論を言ってしまえば、正確な資金繰り表を作成して、それに沿って管理することができれば、赤字であっても会社経営自体は継続することが可能です。

　この資金繰り表はそれほど重要性が高いものであるにもかかわらず、驚くことに、ほとんどの中小企業が作成していないのです。

　一説には、資金繰り表を作成している中小企業は全体の2割程度、その中でも予測に対して実績がどういう結果になったのか、予実対比まで行う企業はさらにその2割程度しかないと言われています。

　なぜ、ここまで重要にもかかわらず作成されていないのか、その理由は大きく分けて二つあります。

経営者が資金繰り表を作らない **2**つの理由	●資金繰り表の作り方がわからない ●作っても役に立たないと思い込んでいる

❶作成の方法がわからない

　一つ目は、資金繰り表の作成方法がわからない経営者が多いことです。

　資金繰り表を作成するときに必要なのは簿記の知識ですが、ほとんどの中小企業の経営者は、売上を上げることには能力を発揮するも、財務や簿記に関する知識が不足しています。それに加え、財務に関する数字についての仮説（未来予測）を立てる習慣がありません。

　こうした場合、いわゆる数字の専門家である会計事務所がその機能を担ってくれればいいのですが、顧問料はそのままなのに面倒なことはしたくない、というのが会計事務所のホンネでしょう。

　経営者はしたがって、1か月先や2か月先程度の資金繰りについては、頭の中で感覚的につかんでいるかもしれませんが、半年先や1年先についてはどのように推移していくのかがわからず、ただなんとなく手持ちの資金が減少傾向にあることへの不安を抱えたまま、その場しのぎでやりくりする状態に陥っているのです。

❷作成しても役に立たないと考えている

そして二つ目は、作ったとしても実際には役に立たないと考える経営者が多いことです。

信用保証協会の保証付き融資を受ける際などには、資金繰り表を含んだ経営計画書の提出を求められますが、ふだんから資金繰り表を作っていない経営者にとっては、稟議を通すために必要なツールの一つとして、ある程度体裁を整えたものを準備しておけばいいと誤った認識をしていることが多いようです。

そのため、このような企業の資金繰り表は、例えば会計ソフトに付随した機能を使って、実状に即さない正確性に欠けたものや、今後の売上予測を伝えないままに、前年度の売上を参照して会計事務所が適当に作成したものなど、実際に活用できる状態になっていません。

昭和や平成の時代のように、日本を取り巻く経済環境がある程度安定し、1年先くらいの短期なら見通しが立てられる時代であれば、資金繰り表がなくても、経営者の頭の中だけで資金の流れを読むことができたかもしれません。

しかし、コロナを経験し、ますます環境の変化が激しくなるVUCAの時代においては、経営者自らが正確な資金繰り表を作成し、常に先を読みながら手元資金を管理することが、事業を継続していくうえで必須の条件となるでしょう。大雑把な感覚だけでは安定的な経営はできないのです。

❸正確な資金繰り表の前提は正確な損益計画

正確な資金繰り表を作成するのに必要となるのは、正確な損益計画を立てることです。少なくともこれから先の12か月分に関しては、月ごとの損益を計画しなければ、正確な資金繰りを予想することはできません。

正確な資金繰り表や損益計画とは、つまり根拠に基づいた正確な経営計画と同義語であることから、これを作成しない限り、いつ資金が詰まるのか常に不安を抱え、先行きの見通しも立てられないままの経営から脱却することはできないのです。

そのような状態が続けば、いずれ資金繰りが詰まり、事業継続が不可能となる事態に陥ってしまうかもしれません。

弊害 7	部門別の損益がわからないため、今後の販売戦略を立てることができない

会社の経営において、経営者が戦略的な意思決定や経営資源の配分を行うためには、自社の収益の源泉が何なのか、その状況を細分化して把握する必要があります。

また、公平な業績評価や人事考課を実現するためにも、部門別での損益状況を正確に把握しておかなければなりません。何が自社の収益に貢献し、何が損失を出しているかがわからなければ、業績向上のための戦略が策定できず、また社員への適正な処遇を行うこともできないでしょう。

（1）部門別の業績管理を行う目的

部門別業績管理を行う目的として、次の8つを挙げることができます。

部門別管理を行うべき **8**つの理由	●部門ごとの業績の動向をつかみ、それぞれに合った対応策が可能 ●部門ごとで予算実績対比ができ、未達原因の究明と対策が可能 ●どの部門で利益が出て、どの部門で損失が出ているかの明確化 ●今後伸びていく部門と、撤退すべき部門を選別できる ●社員1人当たりの経営効率を把握できる ●商品別の原価・収益分析により、売上拡大や利益率向上に活用可能 ●社員の利益意識、原価意識を高めることができる ●部門別の利益貢献が測定でき、公平な業績評価を行うことが可能

部門別に業績を管理する重要性をよりわかりやすくするために、以下の事例を参照してください。

【売上高 10 億円の卸売業の会社】

（単位：千円）

	売上高	仕入高	売上総利益	売上高総利益率（粗利率）
全社合計	1,000,000	670,000	330,000	33%

　もともとの決算書の損益計算書には、売上高 10 億円　仕入高 6.7 億円　売上総利益 3.3 億円とのみ記載され、部門ごとまでは細分化されていませんでした。

　売上高総利益率（粗利率）は 3.3 億円 ÷ 10 億円 = 33% となり、例えば同業他社の平均が 29% であったとすれば、この会社はそれより 4% 粗利率が高いということになります。

　一方で、部門別の売上高と仕入高を調べてみると、以下のようになっていることが判明しました。

（単位：千円）

	売上高	仕入高	売上総利益	売上高総利益率（粗利率）
A 部門	600,000	450,000	150,000	25%
B 部門	300,000	200,000	100,000	33.3%
C 部門	100,000	20,000	80,000	80%
全社合計	1,000,000	670,000	330,000	33%

　売上高、売上総利益共に、金額では A 部門の占める割合が最も高いため、現在の主力が A 部門であることは間違いありません。しかし粗利率を見てみると、A 部門の 25% に対して、B 部門は 33.3%、C 部門に至っては 80% にもなっていることから、売上高の規模は小さくとも、利益率では C 部門が圧倒的に高いことが一目瞭然です。

（2）緻密な経営戦略が立てられる

　部門別の業績管理ができ、現在の主力である A 部門が、今後はマーケットが縮小し、売上も年々減少するかもしれないという状況が予想される場合、利益率の高い C 部門に経営資源を集中する戦略へと転換することも考えられます。そ

して、5年後にはA部門の落ち込みをC部門がカバーし、全社の粗利率向上を図るといった目標設定も可能となるため、経営判断を行ううえで、これまでよりもさらに精緻な計画を立てることができるようになるでしょう。

しかし、ほとんどの中小企業が部門別の収益管理を行っておらず、決算書にはまとめた数字しか記載されていないのが現実です。なかには「売上高」だけは部門別に分けているケースもありますが、原価まで分かれたものがなければ、各部門の粗利がわからないため、これではまったく意味を持ちません。

また、なかには部門別の収益管理は行っていますが、販売部門以外の本社経費や、全部門にまたがって共通にかかる費用、例えば役員報酬や本社事務員の人件費、地代家賃、交際費などを、各部門に配分しているケースを見かけます。

配分する方法としては、①部門数で割って均等配分する、②売上や利益の金額に比例させて配分する、③本社費用・共通費用の内容ごとに各部門への関わり具合を勘案し適切な基準で配分する、の3つの方法が考えられます。

しかし、①や②の方法をとれば、各部門の活動以外の費用が部門の活動結果として含まれてしまうため、どの部門が純粋にどれだけ利益を上げているのかが明確になりません。特に成果を上げている部門からすれば納得できない結果となるため、その部門の人たちが利益に貢献しようとするモチベーションを下げてしまうおそれがあります。

③の方法であれば公平性が保たれるかもしれませんが、役員報酬の配分といっても、役員の活動がどの部門にどれだけ費やされたかを正確に測定する必要があります。しかし、これを適正に計算して配分するのは現実的とはいえないため、この方法も実際には選択することができません。

本社費用や共通費用は全社で稼ぐべきものと位置づけ、無理やり部門へは配分せず独立した費用として捉えたほうがよいでしょう。

各事業部の正しい数字を把握できれば、それに基づいた正しい経営改善を推進することができると共に、誤った経営判断のリスク低減にも大きく役立つため、経営計画を立てるうえで、部門管理は絶対条件であると理解すべきでしょう。

弊害8　ビジョンが示されないため、社員の士気が上がらず、人材も採用できない

　第1章で述べたように、経営計画を立てることは、販売先・仕入先・金融機関など社外のステークホルダーだけに留まらず、社内の従業員に向けても、経営者の頭の中にあるアイデアや目指すべき将来の姿、それを達成するために必要な行動を明確にする土台としての役割を担っています。

(1) ビジョンや計画のない会社に人は魅力を感じない

　従業員にとって会社は、人生の中で多くの時間を費やす場所であることから、自身の人生設計や日々の生活に大きく関係する会社の経営に対して、より身近に感じ、そして安心して働ける環境を経営者は常に考えなければなりません。

　そのためにも、しっかりと論理立てた、根拠のある経営計画を策定し、その計画を社内で共有することができれば、従業員もそれに健全に向き合いながら、それぞれの仕事への意欲を高めることができるでしょう。

　従業員に経営計画を明らかにする目的をまとめると、以下のようになります。

ⅰ　事業目的の明確化：なぜこの事業を継続するのか、この事業を通じてどのようにしていきたいか等。

ⅱ　目的達成への具体的な行動計画：個々人を目標達成に導くための羅針盤の役割を果たす。

ⅲ　事業部間コミュニケーションの円滑化：会社全体に示すだけでなく、計画を通じて事業部での意思統一を図る。

ⅳ　継続した進捗状況の確認：計画立案だけでは絵に描いた餅で終わるため、従業員一人ひとりが達成状況を確認するための基準となる。

一方で、経営者が、経営計画は自分の頭の中にあるからといって作ろうとせず、売上目標だけを従業員に押し付けるような経営をしていたとしたら、従業員の気持ちはどうなるでしょうか。

そもそもの売上目標に根拠がないため、予実管理も目標の達成・未達成だけに焦点があたってしまい、未達成の場合に問い詰めるようなことをすれば、従業員の士気低下を招くかもしれません。

(2)「無形の価値」をどう生み出し、訴求できるか

また企業経営において、適切な採用計画（どのタイミングで、どのような人材を、何人採用するか）を立てることや、社内組織の体制を整備していくことは、企業が長く存続するために必要不可欠な戦略となりますが、その判断基準として用いられるべきなのが、将来のあるべきビジョンを具体的に落とし込んだ経営計画書ではないでしょうか。

厚生労働省が毎月発表している「有効求人倍率」によると、全国平均で2019年頃には1.6倍程度だったものが、コロナ禍の影響により、2020年後半には1.1倍を切る状態まで急激に低下していました。しかし2023年4月現在においては、これが1.32倍まで改善している結果となりました。

また、帝国データバンクの「人手不足に対する企業の動向調査（2023年4月）」によれば、正社員が不足していると答えた企業の割合は、回答総数のじつに

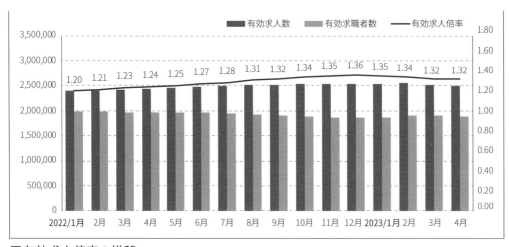

■有効求人倍率の推移
出典：「一般職業紹介状況（職業安定業務統計）」（厚生労働省）

■人手不足（正社員・非正規社員）割合の推移
出典：「人手不足に対する企業の動向調査（2023 年 4 月）」（帝国データバンク）

51.4% にまで及んでおり、半数以上の企業が人手不足の状態に陥っていることが判明しました。

　コロナ禍で一時的に悪化していた需要が急回復し、多方面での人材供給が追いついていないことが原因となっているのでしょう。

　売り手市場の環境となれば、経営資源の乏しい中小企業にとっては、給料や福利厚生といった待遇の条件面の勝負だけでは大手企業に勝つことはできず、仮に採用できたとしても、さらに好条件の会社が見つかれば、すぐに転職してしまうリスクも考えられます。

　一方で、少子高齢化が今後さらに進み、働くことへの価値観も大きく変化している現在においては、やりがいや自分に合った仕事、スキルアップなど、有形の待遇条件だけではなく、「無形の価値」を求めて仕事選びをする求職者が増えていることも事実です。

　これからそのような人材を中小企業が採用していこうとするのであれば、経営理念やビジョンを言語化して示すと共に、経営計画に基づいた自社のあるべき姿をわかりやすく発信することで、自社の経営理念に共感してくれる人材をいかに見つけ出していくか、それが採用のカギとなってくることは間違いありません。

第 **3** 章

経営計画書を作成する 7つのメリット

1. 今こそ経営計画書を 作成すべき理由

　コロナショックが落ち着きつつある今だからこそ、経営計画書を作成するべきです。というのは、経営計画書を作成することで、自社の経営を見直す絶好の機会となるからです。そして、第1章で述べたように、将来のあるべき姿の仮説を立て緻密に計画するために、過去の振り返りを行うことが必須となります。その過去の振り返りの際に、「経営者としての意思決定のクセ」を自分自身で理解することができるのです。さらに、今回のコロナショックの教訓をもとに振り返りを行い、今後同じような外部環境の変化が起きる前に、どのようにその危機に備えるかという事前準備をすることができます。

　コロナショックのような激震は「必ずまたある」との前提に立つことです。実際に、コロナショックと重なるように起こったウクライナ戦争や、日々乱高下する為替相場、原材料の高騰なども、予測し難い出来事でした。こういった「予想していないこと」「想定外のこと」は世界中で起きています。

(1) コロナショックを乗り超えた「強み」は何か

　例えば、コロナショックを乗り越えることができた自社の「強み」は何なのか？
　逆に、コロナショックでダメージを受けた部分はどこなのか？　なぜダメージを受けたのか？　同じようなことが起きてもそれを克服するには、どのような改善をすればよいのか？　など、自社の「今」を見直すべきです。

　コロナショックは「VUCAの時代」を象徴する、過去に経験したことのないほどの外部環境の大きな変化でした。実際に、コロナショックが起こるなんて誰が予想できたでしょうか。そして今後も、こういった不測の事態が起こらない保証はどこにもないのです。

（2）不測の事態のとき、経営計画書は参考書になる

そのような不測の事態でも、自社の方向性を見失わないようにすることが肝要ですが、そこに経営計画書があれば、不測の事態が起きてもこのまま計画どおりやるべきか、何を改善しなければならないのかを考えることができるようになります。経営計画書は答えではありませんが、正答を考える際の参考書にはなるのです。

経営者の使命は、ゴーイング・コンサーンの考えを順守することです。そして、企業を潰すことなく将来にわたって存続させるためには、短期的視点と長期的視点がどちらも必要となります。

長期的な視点がなければ、常に行き当たりばったりの経営となってしまい、混乱を招いてしまいます。例えば、財務基盤を強くすることや、理念を策定し浸透させる施策など、特に経営にとって重要度の高いことは、長期的視点で継続的に取り組む必要があります。

一方、短期的な視点がなければ、日銭を稼ぐことができません。

重要なのは、長期的な視点から逆算して短期的な施策を実践していくことです。経営計画書を作成することは、その逆算の経営を実践していく第一歩となります。なぜなら、経営計画書の中で、3〜5年といった中長期の目標や収支計画などを作成していくからです。それらの目標から逆算して、今何をすべきかという短期的な視点を明確にすることができます。

逆に、行き当たりばったりの短期的な施策だと、徒労に終わってしまうことがあります。それが次に活かせなかったり、再現性がないとなると、また同じことを繰り返し、無駄な時間と労力を費やしてしまうことになります。

経営者の時間単価は、どの従業員よりも高く無駄にできないものです。逆算の経営を実践すれば、経営者の時間をより生産性の高い活動に充てることにもつながります。

そして、企業を将来にわたって存続させるために必要な経営者の役割というのは、世の中の流れを的確に読み取り、将来の大きな方針を示す（方向づけをする）ことです。経営計画書を作成することは、長期的な視点を持つことができ、まさに世の中の流れを的確に読み取り、将来の大きな方針を示す（方向づけをする）ことにつながるのです。

(3) 外部環境の変化に対応して生き残る

　ほとんどの場合、世の中の流れに逆らえば事業は成り立ちません。なぜなら、世の中の流れによって、商品・サービスを購入する人々のニーズはたえず変化するからです。

　事業とは、どんな人のどんな課題をどうやって解決するのかを考え、試行錯誤していくことにほかならず、顧客ニーズの変化、それを左右する世の中の流れを把握しておくことが不可欠です。その変化に適応できた企業だけが、生き残る、勝ち残る企業となるでしょう。

　コロナショックでは、人流抑制の結果、オンラインへの急速な移行、在宅ワーク、おうち時間、テイクアウトなどの生活様式の変化があり、企業側はそれらに対応する必要がありました。また、コロナショックが落ち着いた今では、以前の生活様式への回帰も見られます。

　このような変化に対応するためには、例えば以下のような視点で自社を振り返ってみることをお勧めします。

---

i　過去から現在、自社はどのように外部環境の変化に対応してきたか

ii　現在、自社の業界の動向がどのように変化しているのか、どんな出来事が自社にとってチャンスなのか、逆にリスクとなるのか。将来、どんなことが予想されるのか

iii　自社のビジネスモデル・商流はどうなっているのか

iv　自社の商品・サービスは、顧客のどんな問題を解決しているのか

v　自社の内部環境は、外部環境の変化に対応できる体制になっているか

vi　外部環境の変化に対応した戦略やアクションプランは明確になっているか

vii　その戦略を遂行できるだけの人材や財務基盤は整っているか

　このように整理して把握しておくべきことは多岐にわたります。こうした思考がなければ、真実の経営計画書の作成は不可能です。

2. 経営計画書を作成するメリット

　企業を継続的に成長させていくための土台となるのが経営計画書であり、経営計画書で立てた方針や戦略、計画数字をもとに、さまざまな企業活動を行っていくことになります。

　経営計画書に記載されていることは、経営理念の実践や組織、人事の取り組みなど多岐にわたりますが、本項では財務・会計に限定して、経営計画書に紐づいた取り組みについて説明します。

　以下に経営計画書を作成することのメリットを解説しますが、経営者の方々には今一度、これらのことを真摯に受け止め、経営計画書を作成することの重要性を強く認識していただきたいと思います。

メリット **1**	経営者が数字に強くなる

（1）「税理士に任せている」は経営判断の他人任せと同じ

　経営者は数字に強くなければなりません。なぜなら、意思決定することが経営者の最も重要な仕事であり、その際に、数字という客観的事実が必ず必要になってくるからです。

　数字に強くなければならないというより、数字が苦手では許されません。数字に強いとはどういうことかというと、企業の経営数字という客観的事実を正しく読み取り、現状を的確に判断し、そして将来を精度高く読むことができるということです。

　経営計画書を作成するのは、過去の数字をもとに将来の事業の意思決定をして

いく過程であり、その過程で数字に強くなることが必要なのです。

　ちなみに企業の経営数字とは、決算書、毎月の試算表、資金繰り表などに表れる数字のことを指します。こういった経営数字は顧問税理士や経理部長などに任せておけばよいという経営者がいますが、それは自社の経営判断を他者に任せているようなものです。

(2) どのような数字を見るか

　毎月の売上は見ている、あるいは銀行の通帳だけは毎日見ている、という経営者もいますが、売上だけでは見えない数字もあり、預金通帳の金額はその時点での残高であって、その時点で預金が潤沢にあったとしても、明日、来月、数か月後、1年後にどれくらいの預金があるのかがある程度わかっていないと、リスクに備えるための対策が立てられません。

　当然のことながら、売上・利益がどれだけよくても、資金繰りが詰まれば倒産してしまいます。最終的に事業継続に必要なのは、キャッシュフロー＝現金預金です。

　売上が増えればキャッシュフロー＝現金預金が増えるわけではありません。売上に対応して出ていく費用も増えていきます。具体的には、仕入や外注費、人件費や広告宣伝費などの費用も増え、売上を回収する前に、増えた費用の支出で現金預金が減少してしまいます。

　このような当たり前のことでも、この部分の意識が抜け落ちてしまっている経営者がじつに多いのです。

　その時点で費用が払えなかったらどうするのか？　現金預金が尽きてしまったらどうするのか？　というリスクを想定し、対策を立てなくてはなりません。したがって、売上だけ、預金通帳だけを見ていては、リスクに備えることはできません。

(3) 経営数字を把握するための経理資料

　では、実際にどのように自社の経営数字を把握していけばよいのでしょうか？
　筆者がクライアントと毎月時間をとって、その企業の経営数字を把握し、そこから振り返りや改善などを行うとき、まずは準備段階で以下の資料を用意しても

らいます。

---

i　過去３期分決算書（貸借対照表、損益計算書、勘定科目内訳明細書、事業概況説明書）

ii　過去３期分の年間損益推移表

iii　前年の総勘定元帳

iv　前年の通帳コピー（通帳データ）

v　各金融機関の借入明細書

といった資料によって経営数字を把握し、それらをもとに、

---

i　損益計画表

ii　資金繰り計画表

などに落とし込んでいきます。

これらの資料から経営数字を把握すれば、

---

i　今後売上がどれだけ増減していくのか？

ii　それがいつ回収できるのか？

iii　必要な仕入代金や外注費、人件費、その他経費の支払がいつどれだけ先行して必要なのか？

iv　その結果、キャッシュフロー＝現金預金はどのように推移するのか？

などがわかります。

　そして、毎月の試算表の実績値をもとに、現状の把握や振り返り、改善の検討を行い、将来の予測を立てる、ということを継続的に実施します。

　こういったことをやっておくことで、資金ショートという最悪の事態にならないように、事前にさまざまな対策を講じることができるのです。

（4）経営数字を把握することは、自社そのものを把握すること

　このように客観的な数字という事実をつかんで、意思決定していくことが経営

者がやるべき、経営者にしかできない最も重要な仕事なのです。

　また、ふだんから経営数字をタイムリーに見ておかないと、いざというときに的確な意思決定はできません。経営計画書や資金繰り表などの資料があれば、いつでも経営数字を確認することができる状態にあるので、何か不測の事態が起こったときでも、迅速で的確な意思決定をすることができます。

　また、自社の経営数字を把握することは、自社そのものを把握することにもつながります。

　例えば、経営はBS（貸借対照表）に表れると言いますが、これまでどうやって必要な資金（自己資金、負債）を調達し、それが今はどんな資産に変わっているのか？　その資産を使って得た利益の積み増しがどれだけあるのか？　がBSの推移を見ればわかります。

　そして、過去3期分のPL（損益計算書）や、1年ごとの損益推移表などを見れば、外部環境の変化にどうやって対応してきたのか？　自社や業界特有の季節変動はあるのか？　どんなことにお金を使ってきたのか？　を把握することができ、自社の商品やサービスの変遷を見ることができます。

　以上のように、過去の決算書や試算表、損益計画表や資金繰り計画表などにより自社の経営数字を把握することで、第1章で述べたように、経営者に必要な財務リテラシー（①簿記の知識、②決算書の構造理解、③資金繰りの知識、④財務分析）を高めるようにしてください。

メリット **2**　月次決算でタイムリーかつ適確な経営判断ができるようになる

（1）経営計画書の実現度が高まる

　経営計画書をもとに、経営数字をいつでも確認できるようにすることで、迅速で適切な意思決定につながると前述しましたが、さらに、経営計画書と月次決算をセットにして取り組むことで、タイムリーかつ適確な経営判断ができ、「経営計画書の実現度が高まる」というメリットがもたらされます。月次決算は、経営の「PDCAサイクル」を機能させるために、必要不可欠の取り組みなので、この後の内容を理解して、取り組めるようにしてください。

　そこで、まずは月次決算について確認していきます。「月次決算」とは、企業の経営状況を把握するために、基本的に簿記会計の技術を用いて、毎月実施する決算のことを言います。一般的に「決算」とは、現時点での資産や負債と一定期間の収入・支出を計算し、財務状況を明らかにする手続きのことを指します。

　※簿記会計の範疇でいうと、「決算」とは、会計期間ごとに勘定の整理をして帳簿を締め切り、貸借対照表と損益計算書を作成する一連の手続きのことを言います。

　決算というと、「年に 1 回やる」という一般的なイメージがありますが、毎月やっても問題はありません。毎月やると当然その分手間がかかりますが、むしろ企業にとっては有益となることが多いのです。

　多くの企業が毎月、顧問税理士から試算表やそれと合わせて月次報告などが届くと思いますが、要は、月次決算ができているというのは、翌月 10 日～ 15 日までに試算表が完成している状態をイメージしてもらえればよいでしょう。

　※「試算表」とは、期首から現時点での貸借対照表と、前月の月次損益と期首から前月までの累積損益が載っている損益計算書のことです。

(2) 月次決算の目的

　月次決算の目的は主に以下のとおりです。

---

❶月次損益と累積損益を集計し月次決算書を作成することで、経営の現状が計数的に把握され、年間損益計画の達成度・進捗度が数字でわかる。

❷月次決算と予算（年間損益計画）との比較を通じ、経営活動に改善策をフィードバックできる。

❸月次決算の精度を上げることにより、年度最終利益を早期に予測し、決算対策（節税対策、納税資金準備など）が立てられる。

❹月次決算の精度を上げることにより、損益に連動した資金繰り計画の精度も上がり、資金繰りの対策を早期に立てられる。

　試算表を毎月作成していない企業もまだ多く存在しますが、毎月顧問税理士から試算表が届く企業でも、そのタイミングが例えば翌月末となっている状態では遅いと言えるでしょう。1 月の試算表が 2 月末になって完成して、1 月の数字を

振り返ろうにも、2月がほぼ終わっている段階で前月を振り返るには、もう忘れていることもあります。したがって、1月の数字を、翌月の2月10日〜15日までに振り返ると同時に対策を立て、改善策を実行するというのが理想です。

　このように月次決算はタイムリーな運用が必要です。そのために、翌月10日〜15日までに試算表を作成しましょう。その場合、以下の流れがとれるように経理体制を整えることが必要になります。

---

　i　　月末までに事前準備 ➡ 給与計算等のまとめ

　ii　　1〜3日 ➡ 全口座の通帳記帳完了、現金出納帳の締め切り

　iii　　4〜6日 ➡ 自社発行請求書の入力

　iv　　10日まで ➡ 到着ベースで請求書締め切り

　v　　15日まで ➡ 入力完成、最終確認

（3）問題の発見〜課題の設定〜解決のサイクルを回す

　月次決算のメリットについてさらに見ていきます。

　経営計画書と月次決算を照合すると、年間数値目標の実現度が高まる、というメリットがあります。目標を立てただけではその実現に近づくことはないし、目標がなくて月次決算だけをやっていても目標に対する振り返りがないので、月次決算のメリットは半減します。

　目標（＝理想）と月次決算（＝現状把握）があることで、問題解決につなげることができます。問題解決とは、理想と現実のギャップを埋めることです。

　「目標を立ててもどうなるかわからないから意味がないのでは？」という意見もありますが、目標がそのとおりにいかないから目標を立てることが役に立たないのではなく、そのとおりにいかないからこそ目標と実績の差が問題点を明らかにしてくれるのです。その問題点を解決・克服しようと行動するからこそ、着実に目標に近づき、企業は強くなっていくのです。

　月次決算を行い、現状の数字をタイムリーに把握し、目標（＝理想）と比較検討し、問題点を明らかにして、課題の設定と改善策を検討し、そのアクションを実行するという過程で、目標にどんどん近づいていきます。

　具体的に言うと、経営計画に基づき損益計画と資金繰り計画が立てられており、

月次決算により前月の試算表（＝実績）がタイムリーにできているとします。そして、

前月の
i　　売上高
ii　　仕入や外注費などの変動費
iii　　人件費
iv　　人件費以外の経費（固定費）
v　　利益
vi　　売掛金や受取手形の回収
vii　　買掛金の支払いや支払手形決済
viii　　人件費や経費の支払い、税金の支払い
ix　　新規の借入、借入金の返済
x　　設備売却による収入、設備投資による支出
xi　　キャッシュフローの増減、現金預金残高

などの計画値と試算表や銀行通帳などの実績値を照らし合わせます。続いて、

---

i　　計画に対し実績は上回ったのか減少したのか、その差額の数字（＝事実）
　　の把握
ii　　上記の原因
iii　　課題の設定
iv　　次月の改善策の検討

を行います。さらに、

---

i　　期末の売上高や利益の着地予想
ii　　今後のキャッシュフローの推移

を見て、事前の対策として、今から手を付けておくことはないのかも検討しておきます。
　このように、月次決算を行い、現状把握〜問題発見〜課題設定〜解決のサイク

ルを毎月行っている企業と、そうでない企業、どちらが目標の実現度が高いでしょうか。

　1年スパンで見ると、月次決算を行うことで、その期の年間数値目標の実現に近づくことができます。そして、長期スパンで見るときもやることは同様です。

　1年間の計画（値）と実績（値）の違いを見て、計画値に達していなかったら、「原因は何なのか」を突き詰め、改善策を検証します。逆に、計画値に達していれば、何をやった結果なのか？　何がうまくいったのか？　成功要因は何か？　などを検証することで再現性を確認できます。

　これらを繰り返していくことで、ときには計画を作り直して、5年後の計画の達成に少しずつ近づいていくことができるのです。

　月次決算を基本として、1年スパン、長期スパンで実施していくと、経営計画書の目標が実現し、企業が大きく成長することにつながります。

メリット **3** 　資金繰りの不安を解消できる

（1）キャッシュフローの現在と将来が見える化される

　経営計画書作成による目標設定、月次決算を基本とした1年スパンと長期スパンの振り返りを行うことで、キャッシュフローの現状と将来の残高が見える化され、その結果、資金繰りの不安が解消されることになります。

　「資金繰り」とは、企業の資金が不足しないように、（現金の）収入と支出をコントロールしてやりくりすることです。第3章の冒頭で述べましたが、経営者の使命は、企業を存続させることであり、そのためには資金ショートさせないことです。企業は資金がないと経営できないし、継続できません。

　※「資金」とは、仕入代金や外注代金の支払い、毎月の人件費やその他の経費の支払い、源泉税、消費税など税金の支払い、設備などさまざまな投資への支払い、銀行融資の返済、などのために必要なお金のことです。

　このような資金が不足しないように支出をコントロールし、その支出以上の収入を上げられるように売上を上げるための戦略を考えていくことが、経営者にしかできない最重要の役割です。これは経営の核心部分と言ってもよいでしょう。

（2）経営計画書と資金繰り表があれば、経営者が抱えている最大の不安は解消される

多くの経営者は資金繰りに不安を感じているものです。資金繰りだけでなく、その感度は大小ありますが経営そのものに不安を感じているものです。なぜ経営者はたえず不安を感じているのでしょうか。

その不安とは、会社の経営はこれからどうなるのだろうか、この先うまくいくのだろうかと、ときにはその重圧に恐怖を感じることもあります。それら心理的不安の原因は、先のことが見える化されていないからです。

当たり前のことですが、灯りを照らしながら走れば前方が見えるので不安は感じませんが、暗闇の中を灯りも照らさずに走れば、どこを走っているのかがわからずに、不安や恐怖を感じます。経営もこれと同じです。

経営において灯りとなるのが、経営計画書と資金繰り表です。この 2 つの資料があれば、将来の計画があり、そのとおりに進むかどうかはわからないけれど、先が見えるようになっているので、これからどうなるのだろうかという不安を解消できます。

さらに、前項のメリット 2 で解説した、月次決算を基本として、1 年スパン、長期スパンで PDCA を実施していくと、経営計画書の目標の実現に近づいていきます。その過程ではうまくいくかどうかわからないかもしれませんが、PDCA を回し、改善活動を重ねていくことで、不安は打ち消されます。行動が不安を打ち消してくれるのです。

このように、経営計画書と資金繰り表があることで、自社の未来の進む道が見えてきます。

（3）最終的に経営体力（資金）があるかどうかである

経営計画書を作成するというのは、具体的には、さまざまな視点からの現状分析をもとに大きな方針を決め、売上計画、仕入計画、人員計画、経費計画、利益計画、返済計画、投資計画を作成することです。つまり、その方針や計画は、自社の進むべきマイルストーンになるものです。

そして、月次決算を基本として、1 年スパン、長期スパンで PDCA を実施し

ていくと、その進むべき道に沿って進んでいるのか、他にもっとよい道はないかが明確になっていきます。

　さらに、経営計画書から、売上計画、仕入計画、人員計画、経費計画、利益計画、返済計画、投資計画が出そろえば、資金繰り計画表を作成するのに必要な情報がそろいます。

　資金の収入と支出が見える化された資金繰り計画ができていれば、自社の将来の進むべき道を走り切る体力＝資金があるかどうかを把握することができるでしょう。経営者が最終的に見なくてはいけないのはこの数字なのです。この数字が近い将来プラスなのか、マイナスにならないか、現状のままなのか —— それを知らずして経営はできるはずもないのです。

（4）損益計画と資金繰り計画

　ここで、損益計画と資金繰り計画について、数字を交えた事例で見ていきます。
××年の月間の損益計画が以下のとおりだったとします。

【××年×月】（単位：万円）
 ⅰ 売上　　　　　　　1,000
 ⅱ 売上原価　　　　　　400
 ⅲ 売上総利益　　　　　600（ⅰ－ⅱ）
 ⅳ 人件費　　　　　　　300
 ⅴ その他販管費　　　　250
 ⅵ 営業利益　　　　　　 50（ⅲ－ⅳ－ⅴ）
 ⅶ 銀行返済　　　　　　 50
 ⅷ 資金収支　　　　　　　0（ⅵ－ⅶ）

　さらに収入と支出の期間（回収サイト、支払サイト）が以下のようなものだったとします。

 ⅰ 売掛金…………半分が30日（翌月末）、残り半分が60日（翌々月末）
 ⅱ 買掛金…………30日（翌月末）
 ⅲ 人件費…………30日（翌月20日）

---

iv　その他販管費…当月
v　返済…………当月

　そして、【××年×月 1 日】に 500 万円の現金預金があったとすると、以下の
ような損益計画表と資金繰り計画表ができます。非常に簡便な表ですが、筆者が
実際に現場で使っている資金繰り表と基本的な構造は変わりません。

【損益計画表】

	×−1月	×月	×＋1月	×＋2月	×＋3月	×＋4月	×＋5月
売上	1,000	1,000	1,000	1,000	1,000	1,000	1,000
原価	400	400	400	400	400	400	400
人件費	300	300	300	300	300	300	300
その他経費	250	250	250	250	250	250	250
営業利益	50	50	50	50	50	50	50
返済	50	50	50	50	50	50	50
投資	0	0	0	0	0	0	0

【資金繰り計画表】

前月繰越金		500	500	500	500	500	500
売掛金回収		1,000	1,000	1,000	1,000	1,000	1,000
買掛金支払		400	400	400	400	400	400
人件費支払		300	300	300	300	300	300
その他経費支払		250	250	250	250	250	250
返済		50	50	50	50	50	50
現金預金残	500	500	500	500	500	500	500

　上記の表のように、損益の実績数値が半年間推移すれば、現金預金の残高は
500 万円のままで変わりません。資金繰りは問題ないということになります。
　しかし、損益計画どおりにいかなかった場合はどうなるでしょうか（むしろ計
画どおりにいかないことのほうが圧倒的に多いのです）。それを試算した結果が
次ページの表となります。

【損益計画表】

	×−1月	×月	×+1月	×+2月	×+3月	×+4月	×+5月
売上	1,000	850	850	850	850	850	850
原価	400	340	340	340	340	340	340
人件費	300	300	300	300	300	300	300
その他経費	250	250	250	250	250	250	250
営業利益	50	−40	−40	−40	−40	−40	−40
返済	50	50	50	50	50	50	50
投資	0	0	0	0	0	0	0

【資金繰り計画表】

	×−1月	×月	×+1月	×+2月	×+3月	×+4月	×+5月
前月繰越金		500	425	335	245	155	65
売掛金回収		925	850	850	850	850	850
買掛金支払		400	340	340	340	340	340
人件費支払		300	300	300	300	300	300
その他経費支払		250	250	250	250	250	250
返済		50	50	50	50	50	50
現金預金残	500	425	335	245	155	65	−25

　もしも損益計画どおりにいかず、半年間、売上が850万円になったとします。すると、半年後の×+5月には、現金預金残高がマイナスとなって、資金ショートしてしまうのがわかります。

　（ここでは経営計画書をもととする損益計画と資金繰り計画があった場合と、そうでない場合の例を簡易に示しており、実際のキャッシュフローや減価償却、営業外収益、各種税金の支払い、クレジットカード支払いなどは考慮に入れていません）

　このように経営計画書を基とする損益計画があり、それに連動した資金繰り計画があれば、半年後の資金繰りの実態がつかめるようになります。計画どおりに進めば資金繰りの問題はないと言えますが、損益計画が下方になった際に、数か月後に資金ショートの可能性があり、資金繰りに支障をきたしてしまいます。

　資金状態の予測がつけば、現状から手を打っておくことができます。資金ショー

トを回避するために、売上をどれだけ上げればいいのか？　経費をどれだけ削減すればいいのか？　さまざまなシミュレーションしながら損益を改善していくのです。

　または資金調達をするという選択肢もあります。早めにリスクに気づけば、選択肢も増えます。その結果、資金繰りの不安からは解放されるのです。

メリット **4**　銀行が戦略パートナーになる

　一般的に、銀行は堅い、怖いといったイメージがあるかもしれませんが、それは誤解です。銀行は企業経営の戦略パートナーとして捉えるべきです。

　なぜなら、企業が成長するうえでは、さまざまな投資が欠かせないからです。土地、建物、機械、備品などの購入や修繕資金、ソフトウェアなどの購入といった設備投資が代表的なものですが、このほか材料や商品仕入、人材への投資、情報への投資などもあります。

　そういった投資のためには、銀行から資金調達をすることが多いのが実態です。実際に、経済産業省のデータによると、資金調達の方法としては9割以上の企業が銀行から借入をしています。こう考えると、銀行は企業にとって大事な戦略パートナーだということがわかります。

　自社の売上から稼いだ資金だけで投資を考えるのもいいでしょうが、資金調達したほうがレバレッジが効き、成長を加速化させることができます。

　※「レバレッジ」とは、経済活動において、他人資本を使うことで自己資本に
　　対する利益率を高めること。

（1）銀行は基本的に融資したいと考えている

　では、どのようにして銀行とそのような関係を築くことができるのでしょうか。それを可能にするのが、経営計画書と資金繰り表なのです。

　銀行側の姿勢としては、その企業の将来性を見たうえで、むしろ融資をしたいと考えています。しかし、その企業が今後どのような将来像を描いているのか、それがわからなければ融資できません。第2章で述べた、担保や保証に頼らず、

借り手企業の実態に基づいた評価を行ったうえで融資を行うという、いわゆる「事業性評価」によって、当該企業の事業性が有望だと評価できるなら、積極的に融資を検討してくれます。それが銀行の本業だからです。

❶銀行融資のポイント

銀行が融資を判断する際には5つのポイントを見ます。

i	資金使途	（何にお金を使うのか）
ii	財源	（どのようにして返済していくのか）
iii	保全	（返済できない場合、それをどうやって補填するのか）
iv	期間	（融資期間）
v	レート	（金利）

これは上から優先順位が高くなっています。

銀行は、企業の経営計画書を見て、「i 資金使途」が適正なのか判断し、資金繰り表を見て、「ii 財源」の根拠を確かめたうえで、融資の可否を決めるのです。

❷銀行に会社のことを知ってもらう

したがって、融資を受けたければ、経営計画書を作成し、「会社は将来、どのように経営していくのか」「融資の返済の原資となる将来の利益を作っていくためにどのような戦略と戦術を計画し、どのような行動をしていくのか」、そして「返済を含めて資金繰り（資金のやり繰り）はどうなっていく予定なのか」を銀行に伝える必要があります。銀行もそれを知りたがっているのです。

しかし、企業から経営計画書と資金繰り表が提出されないので、銀行が重視する5つのポイントが把握できずに、融資に踏み切れないのが実情なのです。

逆に、経営計画書と資金繰り表を作成し提出している企業に対して、銀行は将来の融資の返済が順調に行われることを確認できるため、融資を実行しやすくなるのは当然のことです。

（2）銀行が求める中長期計画、80%の達成でOK

銀行が求めているのは、まず3年〜10年の中長期の計画です。しかし、将来

に対する売上や利益の計画をそのまま達成するのは非常にまれで、特に中小企業は経営資源が脆弱であるという内部要因を抱えながら、予測できない外部環境によって売上が左右されやすい。コロナショック、ウクライナショック、為替相場、資源不足によるインフレなどはどれも非常に大きなリスクで、「VUCAの時代」である現在の経営環境下では、こういったリスクがいつまた発生するのかは誰にもわかりません。

　計画策定時に想定できなかった要因によって、売上や利益の計画と実績に乖離ができたときには、その都度修正すればいいでしょう。それを怖がらずに、銀行に説明するのです。

　多くの銀行では、経営計画書に書かれた計画数値が80％程度達成できていれば、まずまず合格と考えます。重要なのは、達成できなかった事実を振り返り、原因を分析して、改善行動を実践し、その結果を銀行に報告することです。

　決算が終わって、決算書を提出すると共に、その実績をふまえ修正した経営計画書を提出します。その修正した経営計画書には、現時点から5年間の損益計画と今後1年の資金繰り計画も同時に入れます。その資金繰り計画＝資金計画の中に、どこの銀行から、○年○月に、いくらの融資を受けるという資金調達計画を盛り込んでおきます。

　そして銀行に対し、例えば「貴行から、○月に3,000万円の融資を受けたいが、難しければすぐに言っていただきたい」と伝えるのです。

　このように伝えると、その融資予定を知った銀行は、事前に融資の検討をしておかなければならないと、早い段階で準備をしておくことができます。また、検討の結果、融資が困難な企業に対しては、「うちの銀行は、資金計画の中にいれないでください」とあらかじめ断っておくことができるわけです。

（3）銀行は計画性を見ている

　資金計画によって、融資が必要な理由と時期、そして何に使うのか（資金使途）を銀行に伝えておけば、銀行は、可否は別にして検討はしてくれます。

　銀行が嫌がるのは、資金が厳しくなったときに「必要資金を補填してほしい」という急な依頼です。なぜなら、その企業は計画性がなく、行き当たりばったりで経営をしていると考えるからです。銀行は、資金使途や返済財源などをもとに融資の判断をするので、それはつまり計画性があるかどうか、ということになる

のです。

　経営計画書と資金繰り表は、銀行にお願いされたわけでもなく、融資条件でもありません。したがって、自主的に経営計画を策定している中小企業は全体の1割くらいかもしれません。

　多くの中小企業は、銀行から融資を受けるため、もしくは補助金や助成金を受けるために経営計画書を作っている、というのが実情でしょう。しかし、それを目的にして作成された経営計画書は、往々にして絵に描いた餅に終わってしまう傾向にあります。なぜなら、より多くの金額の融資や補助金等を受けるために、売上につながるかどうかわからない戦略を持ち出したりして、根拠の不十分な背伸びしたものになっていることが多いからです。

（4）銀行は真実の経営計画を知りたい

　会社が進むべき将来の方向性を経営計画書として具現化し、それをそのまま銀行に提出する、というのが本来の姿です。経営計画書は、その目的によって計画される数字も異なるはずです。事業を継続・発展するためなのか、融資を受けるためなのか、補助金をもらうためなのか、経営計画書の作成の目的によって、中身も結果も当然も変わってきます。

　いずれの目的であったとしても、銀行が融資に際して最大の関心事は、フリーキャッシュフロー[※]がしっかり出る経営計画であるかどうかなのです。なぜなら、フリーキャッシュフローが返済の原資だからです。

　（※フリーキャッシュフロー：経常利益－法人税＋減価償却費）

　営業利益がマイナスであれば支払利息が払えません。利息も払えない企業に銀行が融資をしたがるでしょうか。本業の利益よりも支払利息のほうが大きいということは、本業の価値が低いということです。つまり、その企業が生み出す付加価値を示す粗利益が出ていないということです。

　粗利益を出すためにどの分野で戦うのか（戦略）、どうやって戦うのか（戦術）を検討し、収益の源泉である損益計画を逆算して、最終的な経営計画書として立案することが不可欠です。

メリット **5** ｜ 経営に自信が持てるようになる

（1）自信は経験によって裏付けされる

　自信とは、その字のとおり、自分を信じることです。すなわち、自信を持つということは、自分を信じられるようになる、ということだと筆者は考えています。では、どうすれば自分を信じられるようになるのでしょうか。

　その一つは経験です。ここまで自分はやってきたんだ、という経験を通して、自分を信じられるようになります。

　過去の実績やその過程における実践が経験となります。経営計画書を作成し、それを実践し、実績を残していくことが、経営者としての経験につながり、自分に自信を持ち、さらには自らの事業にも自信を持てるようになるのです。

　他にも大きな副産物があります。それは経営計画書を作成することで、経営者がより自社を知ることができることです。例えば、損益構造＝儲けの源泉、資金繰り＝お金の流れ、自社の内部要因（自社の強み、弱み）や外部環境（機会、脅威）などです。それらの中から、自社の良いクセ、悪いクセが浮き彫りになります。

（2）経営者は意外にも自社のことを知らない

　筆者がクライアント先で経営計画書を作成する際には、まず上記のことをヒアリングしながら明確にしていきます。その際にいつも感じることは、経営者であっても意外に自社のことを知らない、ということです。自社のことを知らないままに、銀行に、従業員に、その他ステークホルダーに、採用時に、自社の何をどのように伝えることができるでしょうか。

　さらに言うと、経営者は自社の課題について把握していても、案外それは、本当の課題ではないこと（優先順位が低い課題）がよくあり、現状把握をしていくと他の重要な課題が見つかり、その課題のほうが売上や利益を改善するのに優先順位が高かったりします。現状認識が曖昧だと真の課題がわかりません。それだけ自社についての現状把握が不十分だということです。

（3）経営の現状把握の流れ

❶企業概況表の作成

それでは自社の現状把握について、どのように進めていけばよいのでしょうか。筆者がクライアント先で行っている現状把握の流れを簡単にお伝えします。これらは、経営計画書の一部となるものです。

まずは下記の「企業概況表」（92 〜 93 ページ）を作成します。

---

i 企業の概要（業種、事業内容、資本金、沿革、株主構成、役員構成など）

ii 財務内容及び、問題点（前期の貸借対照表の実績値、財務上の問題点など）

iii 業績推移等（過去 3 期の損益計算書の実績推移、今期の損益計画、損益の分析結果）

iv 銀行取引状況（金融機関名、各銀行ごとの借入残高、シェア）

v 現状の経営の課題認識

vi 経営改善計画の方向性

を書き記します。これらは、

---

i 定款や商業登記簿謄本

ii 企業のパンフレット

iii 組織図、従業員名簿、賃金台帳

iv 株主名簿

v 過去 3 期分の決算書（貸借対照表、損益計算書、販管費内訳、勘定科目内訳明細書、法人事業概況説明書）

vi 各銀行の借入明細

などをクライアントからもらって作成していきます。一目で自社のことを俯瞰し概況を知ることのできる資料となります。

❷「商流図」の作成

損益構造＝儲けの源泉、資金繰り（＝お金の流れ）を把握するには、「商流図」

（94 〜 95 ページ）が適しています。

---

i　業界の動向、特徴、特有の商慣習など

ii　どこから何をどれだけ仕入れているのか

iii　自社で何をして、何を作っているのか、どんな付加価値があるのか

iv　その過程で何が特徴なのか

v　どこに何をどれだけ販売しているのか

などを図式化して書いてもらい、不明な点があれば質問をして具体化していきます。

❸ SWOT クロス分析の活用

さらに、外部環境要因（機会、脅威）と内部要因（自社の強み、弱み）については、「SWOT クロス分析※」を行います（※詳細については、第 5 章を参照）。

本章の冒頭（コロナ後、今こそ経営計画書を作成すべき理由）の中でも述べましたが、コロナショックやウクライナショックに象徴されるように、VUCA の時代において、外部環境の変化はまさにドラスティックで急速です。

そして中小企業は、その外部環境の変化に大きな影響を受けます。読者の皆さんは、自社に影響を及ぼすであろうと想定される外部環境をどれだけ把握しているでしょうか。もちろんこれから起こることは予想できないかもしれません。今起こっている問題の解決も重要ですが、リスク（脅威）を見据え、今後起こりうる問題にも備えておくことも経営においては非常に重要です。

詳細は第 4 章で述べますが、外部環境のリスク（脅威）を調べる際には、「PESTLE 分析」という分析手法で見ていくとよいでしょう。

自社の業界、商品・サービスに照らし合わせて、上記の視点でどんなことが自社に影響を及ぼすと想定されるのか、国や業界団体が公表している資料、㈱きんざいが発行している『業種別審査事典』などを参考に調べていくとよいでしょう。

これまでは、コロナショックやウクライナショックといったネガティブな外部環境要因が発生していることもあり、悪影響を及ぼすリスク（脅威）について述べてきましたが、逆に自社にとってチャンス（機会）となりうる外部環境要因もあります。

<table>
<tr><td rowspan="7">①
対象先・概要</td><td>対 象 先</td><td colspan="4">株式会社*****</td><td>支 店 名</td><td></td><td>債</td></tr>
<tr><td>連 絡 先</td><td colspan="4">**********</td><td>住　　所</td><td colspan="2">**県**市**町**-**-*</td></tr>
<tr><td>業　　種</td><td colspan="4">卸売業</td><td>設立年月日</td><td colspan="2">****年7月</td></tr>
<tr><td>(事業内容)</td><td colspan="4">*****製品卸売</td><td>代 表 者</td><td colspan="2">******</td></tr>
<tr><td>資 本 金</td><td colspan="2">300百万円</td><td>従業員数</td><td>4名</td><td colspan="3">主要金融機関 ① A銀行 ② B銀行 ③</td></tr>
</table>

事業内容・沿革

****年7月 創業

海外の正規サプライヤーを通じて並行輸入を行う。

バイヤーが世界中から直接買い付けを行い、国内大手問屋や国内大手チェーンストアに卸売を行う。

主要取扱商品はバッグ/財布/時計/化粧品等。主要仕入れ先はヨーロッパ・アメリカ・韓国・香港など。

直接買い付けを行っているため、トップブランドの商品を安く仕入れる事が可能。

国内仕入れとなるため面倒な通関手続きや関税消費税の処理などの仕事に関わる経費節減ができる。

株主構成

名前	株数
******	60
計	60

第**期　　　　　　　　　　　　　　　　　　　　　単位：千円

② 財務内容及び問題点

資 産 の 部	決算	修正	実質	負 債 の 部	決算	修正	実質
現預金	197,526		197,526	仕入債務	7,636		7,636
売上債権	40,633		40,633	短期借入金	110,000		110,000
棚卸資産	122,130		122,130	その他	16,291		16,291
その他	68,075		68,075	流 動 負 債 計	133,927	0	133,927
流 動 資 産 計	428,364	0	428,364	長期借入金	285,544		285,544
土地	0		0	その他	0		0
建物	0		0				0
その他	1,561		1,561				0
有 形 固 定 資 産	1,561	0	1,561	固 定 負 債 計	285,544	0	285,544
無 形 固 定 資 産	224	0	224	負 債 合 計	419,471	0	419,471
投資有価証券	2,640		2,640	資 本 の 部			
関係会社株式	3,510		3,510	資本金	3,000		3,000
その他	5,193		5,193	その他	19,021		19,021
投　　資　　等	11,343	0	11,343				
固 定 資 産 計	13,128	0	13,128				0
繰 延 資 産			0	自 己 資 本	22,021	0	22,021
資 産 合 計	441,492	0	441,492	負債・資本合計	441,492	0	441,492

③ 業績推移等

(単位：千円)	第**期	第**期	第**期	第**期(見込)
売上高	1,189,516	1,191,339	1,688,051	1,956,000
営業利益	8,777	17,630	30,224	64,646
経常利益	5,247	15,895	28,589	59,464
当期利益	3,363	6,930	19,441	40,436
減価償却	1,208	884	884	5,040
決算上自己資本	15,090	22,021	41,462	
修正	0	0	0	0
実質自己資本	15,090	22,021	41,462	0
総借入	115,092	199,132	395,544	303,374

【分析結果】

売上総利益の業界平均値が18.6％に対し、

第**期 8.7％・第**期 6.7％・第**期 8.1

コロナ融資の返済に必要な経常利益は約8

粗利を業界平均値まで高めることが出来れ

98,290千円⇒218,410千円と販管費を

できる可能性を秘めている

第期

収 益 弁 済 原 資	29,473 千円
債務超過解消年数	0 年
債 務 償 還 年 数	8 年

概　況　表　＞

（単位：千円）

			金融機関名	第**期	シェア	第**期	シェア	第**期	シェア
務者区分	正常先		A　銀　行	53,236	%	78,232	%	231,728	%
			B　銀　行	0	0.0%	0	0.0%	80,000	%
年　商	1,631 百万円	④	C　銀　行	14,190	%	11,250	5.6%	25,944	6.6%
年　齢	＊＊　歳	銀	D　銀　行	47,666	%	89,650	%	57,872	%
C銀行 ④ ｜ D銀行 ⑤ ｜ E銀行		行取	E　銀　行	0	0.0%	20,000	%	0	0.0%
関係 ｜ 名前 ｜ 役職		引状							
代表者 ｜ ＊＊＊＊＊＊ ｜ 代表取締役		況							
役員構成									
			合　計	115,092	100%	199,132	100%	395,544	100%

主要項目コメント及び問題点

商売の特性上、仕入のための支払いが先行し、
増収増益に伴い経常運転資金が大きくなって
いる。
本来であれば短期継続融資で対応したい
ところではあるが、長期借入金での対応と
なっており、借入本数の増加に伴い返済負担も
重くなっている。

【財務上の問題点】

コロナの影響で＊＊・＊＊・＊＊で毎月開催
予定の＊＊＊＊＊の催事を行えておらず、
在庫を想定以上に抱えている状況である。
＊＊期・＊＊期で適正推移に改善できるかが
財務上の課題である。

⑤　現状と課題認識

売上高及び経常利益共に右肩上がりで推移している。
要因としては確かな販売先を確保し安定して受注を受けられている点、
並びに卸売業の差別化につながる提案営業が実施できている点である。
具体的には誘致が難しいブランドを＊＊＊＊へ誘致し、国内販売ルートを確立。
又、若者に人気な韓国コスメをいち早く国内市場に届けるための提案を行っている。
課題としては金融機関とのコミュニケーションが十分に図れておらず、
商流に順じた仕入れ資金の調達に苦労している点が挙げられる。

%と下回っている状況。
0,000千円である。
ば、直近の売上から換算すると
除いても経常利益で100,000千円を計上

⑥　経営改善計画策定方針

＊＊＊＊＊の販売強化のための施策を実行し、在庫の適正化を勧める
具体的には、自社ECサイトの広告費を増やし、認知度を高め収益を向上させること
＊＊＊＊＊＊＊＊＊＊＊を活用した催事を行っていく。
これにより＊＊＊＊＊＊在庫の適正化を図ることとする。
併せて組織化にも取り組み、個人商店からの脱却を図っていく。
また、金融機関とのコミュニケーションを図り、情報の非対称性の解消に努め、
商流に適した資金調達の実現を図る。

第＊期仕入高：1,173百万円

仕入先	シェア
株式会社****	33.4%
****	16.3%
****	10.3%
****	4.6%
有限会社****	6.8%
株式会社****	4.9%
****株式会社	1.0%
****	1.0%
株式会社****	2.5%
****	4.4%
****	0.7%
****	0.6%
株式会社****	1.5%
****	2.8%
有限会社****	1.0%
有限会社****	1.7%
****	0.9%
株式会社****	1.1%
****	1.1%
その他	3.4%
合計	100%

株式会社＊

本社
経営・卸・****
第**期売上
約600百万
責任者：代表取

経理
**

東京支社
第**
期売上
約600百万
責任者
※人材教育

<特徴>

海外の正規サプライヤーを通じて並行輸入を行う。

主要取扱商品はバッグ/財布/時計/化粧品等。主要仕入れ先に

バイヤーが世界中から直接買い付けを行い、国内大手問屋や国

直接買い付けを行っているため、トップブランドの商品を安く仕

国内仕入れとなるため面倒な通関手続きや関税消費税の処理

20＊＊年より自社ECサイトを立ち上げ、楽天市場と併せて＊＊

将来的には売上の30％を賄う部門として成長戦略を描いてい

＊＊＊

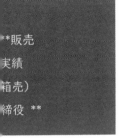

＊＊販売
実績
箱売）
締役 ＊＊

（卸）

実績
（バラ売り）
:＊＊
も担う

ヨーロッパ・アメリカ・韓国・香港など。

内大手チェーンストアに卸売を行う。

入れる事が可能。

などの仕事に関わる経費節減ができる。

＊＊＊＊＊の販売を開始。

る。

有限会社＊＊＊＊	18.0%
株式会社＊＊＊＊	15.5%
株式会社＊＊＊＊	13.6%
株式会社＊＊＊＊	16.7%
株式会社＊＊＊＊	5.1%
株式会社＊＊＊＊	2.2%
有限会社＊＊＊＊	1.7%
株式会社＊＊＊＊	2.7%
株式会社＊＊＊＊	2.0%
株式会社＊＊＊＊	2.0%
株式会社＊＊＊＊	1.5%
株式会社＊＊＊＊	1.3%
株式会社＊＊＊＊	1.0%
株式会社＊＊＊＊	0.9%
株式会社＊＊＊＊	1.4%
株式会社＊＊＊＊	0.8%
株式会社＊＊＊＊	0.8%
株式会社＊＊＊＊	0.7%
株式会社＊＊＊＊	0.5%
株式会社＊＊＊＊	0.5%
直売ネットサイト	7.7%
その他	3.1%
合計	100%

第＊期より ＊＊＊＊＊直売
見込売上高　400,000千円

円安は輸入企業にとってはマイナスですが、輸出企業にとってはプラスに働きます。今後の戦略を見直すには、チャンス（機会）となる外部環境要因を見極めることのほうが重要です。今後を見据え、自社にプラスに働くであろう外部環境要因をさまざまな視点で模索していきます。

例えば、今の事業を軸にして、

i 「高価格商品」「低価格商品」にするには？
ii 顧客の「品質面」「嗜好性」に対応するには？
iii 営業しているエリアを拡大できないか？
iv 既存商品の周辺サービスは？
v WEBの活用はできないか？

など、これらはほんの一部ですが、こういった視点から戦略を考えることができます。

次に、内部要因分析を行います。内部要因分析とは、自社の「強み」や「弱み」の分析です。自社の強みについて、しっかり言語化できるレベルで把握している企業はそう多くはありません。しかし、この自社の強みこそが、競合他社との差別化になり、顧客から選ばれる要因となり、付加価値を生み出す源泉となるのです。

弱みについては、日ごろから、あれがない、これがあったらいいのに、などと感じていることも多いので、何となくイメージできます。

内部要因分析は、自社のさまざまなリソース（商品・サービス、組織、人材、コミュニケーション、オペレーション、技術、情報、設備、物流、資金、IT環境、エリアなど）で、持っているもの、持っていないもの、他社より勝っているもの、劣っているもの、といった視点で見ていくとよいでしょう。

外部環境の「機会」と「脅威」、内部要因の「強み」と「弱み」を言語化してクロスさせ、

i 外部環境の「機会」×自社の「強み」＝積極的に事業展開する「積極戦略」
ii 自社の「強み」を活用し×外部環境の「脅威」を機会にする「差別化戦略」
iii 自社の「弱み」を克服し×機会の波に乗る「改善戦略」
iv 外部環境は「脅威」×自社の「弱み」なので致命傷にしない「縮小撤退戦略」

をそれぞれ抽出していきます。

❹既存顧客の分析

　もう一つ見逃しがちなのが、既存顧客の分析です。おそらくどの企業も何かしらの顧客管理はしているはずなので、昨年の販売先ごとの月別の売上、または商品・サービスごとの月別の売上を Excel などで見える化することを強くお勧めします。

　それによって、どの販売先が売上の多くを占めているのか？　どの商品・サービスがよく売れているのか？　を数値で把握することができます。現在売れている商品・サービスを継続的に、もしくはこれまで以上に販売するにはどうすればいいのか？　逆に、現在売れていない販売先や商品・サービスを、もっと売れるようにするにはどうすればいいのか？　を検討するための材料が見つかります。

　例えば、筆者のクライアントの事例を紹介すると、既存顧客の分類を行った結果、今後の売上を伸ばしていくための動きが下記のように明確になりました。

【既存販売先】	前期	今期	
大分類	シェア	シェア	目標売上に向けた取り組み
地方自治体　給食センターなど	5.6%	5.6%	●○○の省庁と取引の開始　+150万
飲食店	15.8%	17.2%	●2/3を占める上位10社に対する営業活動強化
給食工場、食品加工工場	11.2%	11.3%	●A社　1,160万→目標1,300万 ●B食品　535万→目標630万
社員食堂、学食、その他食堂	8.2%	8.1%	●C社　899万→目標1,000万 ●D社　41万→目標100万
地域スーパー	6.5%	6.6%	●E社　255万→目標300万 ●F産業　87万→目標130万
同業他社、店頭販売	45.1%	43.8%	●G社　188万→目標210万 ●H社　98万→目標120万 ●I社　223万→目標250万 ●店頭商品の充実　1日当たりの売上1万円増やす＋250万
病院、介護施設、幼稚園	4.3%	4.4%	●介護施設・幼稚園などに衛生商品（使い捨ての容器）を販売　+200万（○○市内 介護施設56施設、私立幼稚園17施設　売上3万円/月/施設）
ホテル	3.2%	3.0%	
合計	100.0%	100.0%	

■クロス SWOT 分析シート

		強み（S）	
	A	「機会」の市場・顧客ニーズに対応できる技術全般（技術者、技術面での優位）の「強み」は何か	
	B	顧客に安心感を与えるアフターサービスや体制、機能としての「強み」は何か	
	C	他社より抜きんでている固有ノウハウ（生産技術・販売・性能機能・組織体制等）は何か。また「強み」に活かせる取扱製品の価値転換の可能性は何か	
	D	他社では取り扱えない商品の権利（特約店や専売地域）としての「強み」は何か	
	E	特に強い顧客層、エリアはどこか。それはなぜ「強い」のか	
	F	他社との差別化につながる顧客への営業支援機能（IT、情報サービス、営業事務、バックアップ体制等）での「強み」は何か	

※『SWOT 分析を活用した「根拠ある経営計画書」事例集』より引用

		機会（O）	【積極戦略】自社の強みを活かして、さらに伸ばしていく対策。または積極的に投資や人材配置して他社との競合で優位に立つ戦略	左記対策を実施した場合の概算数値（件数増減、売上増減、経費増減、利益改善、％増減等）
外部環境	(1)	同業者や異業種を参考にして、高付加価値のニーズに対応した「高価格商品」を実現するには、どんな具体的な商材・サービスを開発すれば可能か		
	(2)	現在の商材に対して、サービスや機能、容量、頻度、手間を大幅に減らし、どういう「低価格商材」を実現すればチャンスが広がるか	● 即実行する戦略や具体策 ● 重点方針や突破口になる戦略 ● 人員も費用もかけて取り組む戦略	
	(3)	クラウド、ウェブ、Facebook、Twitter 等、IT のさらなる普及をどう上手に活用すれば販売増につながるか		
	(4)	現在の市場（営業地域）だけではなく、域外、海外などにエリアを拡大すれば、どういうチャンスが生まれるか（販売面や調達面も含めて）		
	(5)	ウェブを活用して、通販、直販、顧客との直接のネットワークを構築すれば、どんなビジネスチャンスの拡大が可能か		
	(6)	顧客との共同開発、OEM（相手先ブランドによる製造）と、顧客との相互取り組みによって、どういうチャンスが広がるか		
		脅威（T）	【差別化戦略】自社の強みを活かして、脅威をチャンスに変えるには何をどうすべきか	左記対策を実施した場合の概算数値（件数増減、売上増減、経費増減、利益改善、％増減等）
	①	顧客からの「サービス面」「スピード対応要求」の圧力やニーズは、どういう点が自社の「脅威」となるか		
	②	技術革新による代替品、低価格の輸入品等の供給による「脅威」は具体的にどういうことがあるか	● じり貧市場でも他社のシェアを奪い圧倒的ナンバーワンになる戦略 ● ライバルがお手上げになるまでの我慢戦略 ● 強みがあっても撤退する	
	③	自社の営業地域・マーケットの人口動態やライフスタイルの変化で、「脅威」になるとしたらどういうことか		
	④	競合他社の動きで警戒すべき「脅威」になる動きは何か		
	⑤	外注先・仕入先の動向や要望で「脅威」になることは何か（値上げ、事業縮小・廃業、サービス縮減、品質問題等）		
	⑥	直販、通販、ネット販売等の直接販売の動きでは、どういう「脅威」的な展開が具体的にマイナスに影響するか		

内部環境		
弱み（W）		
a	競合他社と比較して、自社が明らかに負けている点（ヒト、モノ、カネ、技術、情報、効率、社内環境等）とは何か	
b	顧客ニーズに対応していない点は何か。その結果、どういう現象が起こっているか	
c	顧客開拓、企画力での弱みは何か	
d	業績悪化要因につながっている弱みは何か	
e	商品力、開発力での弱みは何か	
f	サービス力での弱みは何か	
【改善戦略】自社の弱みを克服して、事業機会やチャンスの波に乗るには何をどうすべきか	左記対策を実施した場合の概算数値（件数増減、売上増減、経費増減、利益改善、％増減等）	
●市場攻略のネックになっている弱み克服まで3年かける戦略や具体策 ●弱み克服のため、自社だけでムリなら、コラボや提携の戦略		
【致命傷回避・撤退縮小戦略】自社の弱みが致命傷にならないようにするにはどうすべきか。またはこれ以上傷口を広げないためには撤退縮小する対策は何か	左記対策を実施した場合の概算数値（件数増減、売上増減、経費増減、利益改善、％増減等）	
●リストラ型の戦略の意思決定 ●やめる商品、やめる顧客の具体策 ●事業仕分け、戦略の絞り込み		

クライアントは包装資材を卸している会社であり、販売先はおよそ200社です。200社を分類していくと、地方自治体、飲食店、給食工場・食品加工工場、従業員食堂・学食、地域スーパー、病院・介護施設・幼稚園、ホテル、同業他社への販売、店頭販売と分けることができました。

　そして、それぞれの顧客ごとの売上からシェア率を計算。最もシェア率が高かったのは、同業他社や店頭販売だとわかりました。また、○○社がいくら、というように販売先別の売上を出し、売上が多い先を主要販売先として設定しました。

　重点施策は以下のとおりです。

　ⅰ　飲食店は販売先が多いので、上位10社に対し営業を強化する（訪問回数増と、商品改善の要望を聞くなど）。

　ⅱ　病院、介護施設、幼稚園などは、再度のコロナ感染拡大の状況で、ある施設から衛生商品を問い合わせが増え、それを他の施設にも提案する。

---

❺具体的な販売戦略の組み立て

　また、給食工場や食堂、同業他社といったそれぞれの販売先の中でも上位の企業に対し、ピンポイントで売上目標を定めることができました。

　このように、約200社ある販売先を分類し、売上の上位数社を抽出することで、販売増に向けた取り組みの内容が明確になったのです。

　これまではとりあえず手当たり次第に、手ごたえのある先に訪問回数を増やすなどして営業をかけていたのですが、時間や手間が分散され、うまく成果が出ていなかったのです。

　しかし、この既存顧客分析で、限られた時間と人材というリソースをどこに割けばいいのかが明確になり、効率的な営業活動に切り替えることができました。中小企業は、お金、人材、時間、情報などリソースが限られています。その限られたリソースをどこに割くのか、それによって成果が変わってきます。

　売上を伸ばすには、まずは既存事業、既存顧客から検討していきます。新規事業、新規顧客で売上を上げていくのは、お金と時間がかかることです。新しいことを始める前に、まずは今やっていることの見直しや深掘りをすることのほうが優先で、そのほうが結果が早く大きく出ることが多いのです。

　顧客管理は進捗確認するためにやっていることが多いと思いますが、経営の判

断材料としてまとめて整理するだけでも他社と差がつきます。また、銀行に対しても、既存事業、既存顧客からの売上アップのほうが、これまでの実績があるので「根拠のあるもの」として見せることができます。

メリット **6**　事業の方向性が明確になり、無駄な投資もなくなる

（1）補助金は諸刃の剣

　計画なき投資は、企業存続の足かせとなります。すなわち、事業の方向性が明確でないと、無駄な投資が多くなるのです。その最たる例が、補助金や助成金ではないでしょうか。最近では、コロナショックやウクライナショックなどで業績が悪化した企業や業績回復が遅れている企業に対し、国や地方自治体からさまざまな補助金や助成金が出ています。

　筆者のもとにも、資金繰りが厳しくなった経営者が相談に来られるのですが、その中には、「事業再築補助金」で採択され、先出しとなる投資をした結果、それが思うように収益につながっておらず、投資回収できずに、その結果、資金繰りが悪化している、というケースがいくつかありました。

　補助金や助成金が出るから（国や地方自治体からお金がもらえる）といって、もしくは「補助金や助成金の申請のお手伝いをします」「事業再構築補助金で最大 1 億円！」などといった謳い文句で士業に勧められ、採択されたまではいいのですが、その後の投資回収ができずに資金繰りが厳しくなり、補助金回収までもたない、などといったケースが多くあります。

（2）実際は補助金以前に資金繰りが悪化していた

　実際には以前から資金繰りが厳しいにもかかわらず、その最中に事業再構築補助金にチャレンジし採択されたことで、その投資資金がなく（資金調達もできず）、採択された事業を進めることができない、という企業もありました。

　補助金や助成金の利用が、手法ではなく目的となっているケースが非常に多い

のです。こういったケースは、事業の方向性が明確でなく、行き当たりばったりの経営判断で、無駄な投資になってしまっています。

　経営における本来の投資というのは、経営計画書で長期的な目標が立てられ、それを実現するために売上計画や仕入計画、人員計画などから計算された資金計画があり、それにレバレッジを利かすために、金融機関から資金調達して投資を行っていく、というものです。

　もちろんその長期的視点に立って、一つの手法として補助金や助成金が使われるのであれば問題はありませんが、長期的な軸がなく、短期的な視点で行き当たりばったりで売上だけを追い求めると、いずれ企業は存続できなくなります。

　本章「1　今こそ経営計画書を作成すべき理由」でも申し上げましたが、企業を存続させるためには短期的視点と長期的視点のどちらも必要です。長期的な視点がなかったら、行き当たりばったりの経営になります。その行き当たりばったりの経営が混乱を招くのです。

　売上を無理に増やそうと、人員を増やし（人件費が増える）、仕入を大量に行い（変動費が増え粗利が減り利益がなくなる、無駄な在庫が増える）、設備投資や土地・建物など有形固定資産を買う（遊休資産が増える）と、それらの投資がなかなか売上やキャッシュに変わらずに停滞して、資金不足になります。

（3）計画性があれば資金繰りも安心できる

　経営計画書を自社で作成できない、というのであれば、専門家に依頼することも、必要な投資と考えることができます。しっかりと「根拠のある経営計画書」を作成できる専門家に外注していくことも選択肢に入れていいでしょう。経営計画書と同様に資金繰り表の作成も然りです。

　損益計画と連動した資金繰り表があれば、無駄な投資がなくなります。なぜなら、経営計画書で長期的な目標が立てられ、それを実現するために売上計画や仕入計画、人員計画などから計算された資金計画があり、それが資金繰り表に反映されるからです。計画性があれば、無駄はなくなるのです。

　「メリット3　資金繰りの不安から解消される」で資金繰り表について触れましたが、資金繰りの構造については次項で説明します。

（4）経営計画と資金繰り計画をセットで考えるようになる

資金繰りは、

ⅰ　経常収支（本業での収支）	
ⅱ　設備収支（資産購入・売却の収支）	
ⅲ　財務収支（金融機関からの借入・返済の収支）	

の 3 つの収支の合計が、月単位で言えばその月の収支となり、前月繰越と合わせて、当月残高（翌月繰越）となります（下表参照）。

前月繰越		A
経常収支 （本業での収支）	売上・売掛金の入金	B
	買掛金・諸経費の支払	C
	差額合計	D＝B－C
投資収支 （資産購入・売却の 収支）	固定資産売却収入	E
	固定資産購入支払	F
	差額合計	G＝E－F
財務収支 （金融機関からの借 入・返済の収支）	新規資金調達	H
	借入金返済	I
	差額合計	J＝H－I
翌月繰越		K（翌月のA）＝A＋D＋G＋J

　経営計画書で長期的な目標が立てられ、それを実現するための売上計画や仕入計画、人員計画などから計算された資金計画が経常収支の計画となります。

　次に、将来の事業拡大のためのさまざまな投資計画や遊休資産などの売却が設備収支の計画、そして、レバレッジを利かすために、金融機関からの資金調達や、毎月の返済が財務収支の計画となります。

　資金繰りの改善においては、まずは経常収支のプラスを目指すことです。それは、損益の黒字化によってもたらされます。

行き当たりばったりの経営というのは、たとえ経常収支がプラスであっても、設備収支が大きくマイナスとなり（投資に大きくお金を使い）、財務収支がその分大きくプラスになる（金融機関から資金調達をする）、となると、一見よさそうに見えますが、その効果が経常収支のプラスに表れず、その後の大きな返済が財務収支を大きくマイナスにさせ、全体の収支のマイナスが続いていく、という結果になりかねません。

このような状態にならないように、資金繰り表で３つの収支を管理し、半年後、１年後の残高がどうなっているかを常に把握しておかなければなりません。そのためには、資金繰り表の作成が不可欠となります。

メリット**7**　経営計画書は従業員の動機付けにつながる

人は（自分が納得する）目標があると、それに向かって努力するという特性があります。

経営計画書で全体の目標が立てられ、それが事業の目標、部署の目標、チームの目標、個人の目標というようにブレイクダウンされていきます。それらの目標がなかったら、従業員は行動が明確にならずに、目標達成という成果が生まれません。目標があるからこそ、現状と目標のギャップを知り、そのギャップを埋めるための行動をして、目標達成に近づいていくのです。

（1）従業員の動機付けにつながる理由

成果は行動からしか生まれません。行動は明確な目標からしか生まれないのです。経営計画書が従業員の動機付けにつながる理由は、経営計画書が従業員の企業の将来に対する不安を解消させるからです。従業員もコロナショックやウクライナショックのことは、メディアなどでの報道で身に染みて感じています。そういった外部環境に対し、「当社は将来大丈夫なのだろうか？」と不安を抱くものです。その際に、企業が将来の方針や目標もなく、毎日の業務をこなすだけだとどのように感じるでしょうか。この会社に長くいても将来はないな、早くどこかいい会社に転職しよう、と考える従業員もいるはずです。

　旅館「星のや」などで有名な株式会社星野リゾートの星野佳路代表は、コロナ禍において、予約や財務の状況など、いくつかの変数をもとに独自に計算した自社の「倒産確率」を従業員向けに発表したと言います。

　コロナ禍という危機の中では、経営の内容を正直に伝えることが大切で、従業員一人ひとりが経営の動きを知ることが、「企業を強くする」という星野代表の考えからの施策でした。

　これは経営計画書というポジティブなものではなく、「倒産」という非常にネガティブな要素を持ち出していますが、正直に企業の現状と将来予測を伝えたその姿勢が、従業員の動機付けにつながり、コロナショックにおいて大きな打撃を受けたにもかかわらず、その危機を乗り越えることができたのだと考えられます。

第 **4** 章

PESTLE 分析を用いると
経営計画書の作成は
一気に進む

1. PESTLE 分析で
外部環境の変化を考える

(1) 外部環境分析を行う目的

　企業活動は自社を取り巻く社会経済環境の影響を当然に受けます。そのため、企業活動の方向性を決定する経営戦略を立案する際には、自社を取り巻く環境、すなわち外部環境の状況や変化を分析することが必須となります。

　過去から現在にかけてどのように変化してきたのか、現在はどうなのか、今後どのように変化していくのか、そして、それらが自社にどのような影響を与えるのかを分析することを「外部環境分析」と言います。

(2) PESTLE 分析

　ただ単に「外部環境」といってもつかみどころがないので、自社の企業活動に影響がありそうな分析対象をさまざまな観点で分析します。

　PESTLE 分析とは、外部環境を 6 つの要因で分類して分析する手法です。

政治的要因（Politics）

経済的要因（Economy）

社会的要因（Society）

技術的要因（Technology）

法律的要因（Legal）

環境的要因（Environment）

それぞれ英語の頭文字をとって「PESTLE（ペストル）」と呼称されます。

❶政治的要因（Politics）の分析

政治的要因の外部環境は、以下のようなものが挙げられます。

i	与党の方針	v	外交
ii	政府、国の政策	vi	米中等の経済政策
iii	政権交代	vii	戦争の影響など
iv	国家予算		

会社が直接政府から受注している公共事業に影響されるということもありますが、それ以上に、政府の方針は各種制度が新設されたり廃止されたりするため、企業活動に大きな影響が及ぶ場合が多々あります。

新型コロナウイルス感染症拡大に端を発するゼロゼロ融資の実行などは、コロナの影響を受ける企業にとって救済策となりました。また、補助金や助成金の予算化は、企業活動を後押しする原動力にもなりえます。

一方、国際的な外交問題の影響も考える必要があります。貿易摩擦や関税の引き上げ等が起これば、原料を輸入に頼る日本企業は原価高騰などの影響を受けるからです。中小企業といえども、直接、間接に受ける影響は小さくありません。

❷経済的要因（Economy）の分析

経済的要因の外部環境は、以下のものが挙げられます。

i	為替相場	vi	経済成長率
ii	原油価格	vii	日銀の政策
iii	景気動向	viii	失業率
iv	インフレ・デフレ	ix	各種経済指標の変化　など
v	金利		

企業はこれまで、バブル崩壊やリーマンショック、新型コロナウイルス感染拡大など、数々の危機により企業活動に影響を受けてきました。原油価格高騰や円安の進行などによる原材料費の増加など痛手を被った企業はかなりあるでしょう。

一方で、アベノミクスなどによる株価上昇などは景気上昇要因となり、企業活動に好影響をもたらしたと考えられます。このように経済的状況を把握し、その

変化を予測することが重要です。

❸社会的要因（Society）の分析

社会的要因の外部環境は、以下のものが挙げられます。

i	ソーシャルディスタンス	vi	高学歴化
ii	少子高齢化	vii	女性の社会進出
iii	過疎・過密	viii	定年延長
iv	世論	ix	7割経済　など
v	流行		

　最近の出来事であれば、何といってもコロナ禍による消費者の消費活動や行動様式、働き方の変化が大きいでしょう。ソーシャルディスタンスが徹底され、飲食店などは客足が激減しただけでなく、新型コロナウイルス終息後も客足の戻りが鈍く、「7割経済」と呼ばれるなど経済規模の縮小を招きました。

　一方で、リモートワークの働き方が浸透し、「おうち時間」を充実させる商品を扱う企業の業績が伸長した例もあります。また、オンラインを介したビジネスが新たに生まれるなど、企業活動にプラスの影響を与える場合もあります。

　なお、社会的要因分析は、消費者の価値観の変化など、目に見える結果が表れるまで予測しにくい外部環境の状況や変化を対象とします。しかし、「それは難しい」で終わらせるのではなく、仮説を立てて予測し、結果を検証し続けることが、企業活動を続けていくには重要なのです。

❹技術的要因（Technology）の分析

技術的要因の外部環境は、以下のものが挙げられます。

i	AI	vi	代替技術
ii	ICT	vii	技術の陳腐化
iii	IoT	viii	電気自動車の普及
iv	技術革新	ix	データ通信の大容量化　など
v	特許出願・失効		

　技術革新は人々の生活を便利に豊かにしてきました。スマートフォンでさまざまな情報にアクセスし、商品を購入したり、音楽や動画を楽しんだりできるようになりました。

　大容量通信可能なインフラが整ってきたことを機会と捉え、WEB を活用した情報発信に力を入れている企業は、自社商品の認知を広めることができているのではないでしょうか。また、特許の活用や失効された特許技術の活用など、知的財産を活用した経営で業績を伸ばす企業もあります。

　一方、電気自動車の普及は、エンジン部品を製作するメーカーにとっては脅威となり、主力製品を見直すことを余儀なくされているでしょう。今後も技術の発展と陳腐化は進展していきますから、企業活動への影響を常に考える必要があるでしょう。

❺法律的要因（Legal）の分析
　法律的要因の外部環境は、以下のものが挙げられます。

ⅰ	新法施行	ⅴ	国際法
ⅱ	廃法	ⅵ	関連法規
ⅲ	規制緩和	ⅶ	税制
ⅳ	規制強化	ⅷ	最低賃金　など

　政治的要因の政府方針や、社会的要因の世論などと密接に関連するのが法律的要因です。法律の改正は、関連業種にとっては大きな影響を及ぼします。

　規制緩和によって自由化が促進されると、これまでその業界で事業を営んでいた特定企業や免許保有事業者にとっては、競合企業の算入が促進されることで脅威となるでしょうし、多角化を進めている企業にとっては新規参入の機会となります。

　一方で、例えば広告表現などの領域で規制強化が進むと、これまでの広告表現で顧客を獲得することができなくなり、ビジネスモデルの大幅な見直しが必要となる企業も出てくるでしょう。その逆もまた然りです。

　このように、経営戦略立案には、法改正の動向把握が不可欠となります。

❻環境的要因（Environment）の分析

環境的要因の外部環境は、以下のものが挙げられます。

ⅰ	温暖化	ⅴ	ゲリラ豪雨
ⅱ	異常気象	ⅵ	冷夏
ⅲ	台風	ⅶ	暖冬　など
ⅳ	豪雪		

異常気象の報道を耳にする頻度が高くなったと感じます。環境的要因が企業活動に与える影響は大きいものがあります。

台風で甚大な被害が起きた場合は、土木改修工事を営む事業者の需要が高まるし、在庫商品が水没してしまった場合は、仕入資金の必要性も出てきます。また、気温が消費行動に与える影響は大きく、野菜の収穫量に影響が出て物価上昇を招いたり、冷夏で売れ行きが下がる商品が出たり、企業活動の業績を直接左右します。

自社の企業活動が、天候や気温の変化、大雨・台風などの自然災害にどのような影響を受けるのか、過去のデータを見返しながら環境的要因の分析を進めると、関連性が見えてくることがあります。

(3) PESTではなく、PESTLEで外部環境要因を分析する

従前から一般的に使用されてきた外部環境分析手法に「PEST分析」があります。PEST分析は、「政治的要因」「経済的要因」「社会的要因」「技術的要因」の4つの観点で外部環境分析を行います。PESTLE分析との違いは、分析する観点の数です。PESTLE分析には「法律的要因」「環境的要因」が加わっています。

PEST分析では、与党の方針や諸外国の外交政策、規制緩和や規制強化につながる法律の施行・廃案を政治的要因として分類します。しかし、複雑化・多様化する外部環境において、企業活動に大きな影響を与える政治的要因を細分化して分析したほうが経営戦略を立案する際には効果的です。

そこでPESTLE分析では、法律に関連する内容を「法律的要因」として別に分類することにしています。法改正によって、ビジネスチャンスが広がる業種もあれば、業務内容の変更や遵守事項の増加など事業内容の見直しが必要となる業種もあります。法律的要因による外部環境の変化を的確に捉えて、経営計画書の

■ PESTLE 分析の一覧

政治的要因 （Politics）	【政治的外部環境の状況や変化】 例：与党の方針、政府・国の政策、補助金・助成金、政権交代、国家予算、外交、米中等の経済政策、戦争の影響など
経済的要因 （Economy）	【経済的外部環境の状況や変化】 例：為替相場、原油価格、景気動向、インフレ・デフレ、金利、経済成長率、日銀の政策、失業率、各種経済指標の変化など
社会的要因 （Society）	【社会的外部環境の状況や変化】 例：ソーシャルディスタンス、少子高齢化、過疎過密、世論、流行、高学歴化、女性の社会進出、定年延長、7 割経済など
技術的要因 （Technology）	【技術的外部環境の状況や変化】 例：AI、ICT、IoT、技術革新、特許出願・失効、代替技術、技術の陳腐化、電気自動車の普及、データ通信の大容量化など
法律的要因 （Legal）	【法律的外部環境の状況や変化】 例：新法施行、廃法、規制緩和、規制強化、国際法、関連法規、税制、最低賃金など
環境的要因 （Environment）	【環境的外部環境の状況や変化】 例：温暖化、異常気象、台風、豪雪、ゲリラ豪雨、冷夏、暖冬など

作成に活かしましょう。

　また、地球温暖化や異常気象などの「環境的要因」が企業活動に与える影響も大きくなってきました。そこで「環境的要因」の観点も含めることになったのです。

　晴れの日には外出する人で賑わう観光地であっても、酷暑日が続くと客足が鈍化したり、連休期間に多雨が続くと屋内施設に観光客が増えたりするなど、天候上の変化などで大きな影響を受ける業種もあります。先々の天候予測は難しい場合もありますが、経営活動に影響を与える環境的要因を把握しておくことは重要です。年度ごと、季節ごとの環境的要因による外部環境の変化を捉え、経営計画書の作成に活用しましょう。

(4) VUCA の時代には PESTLE 分析が不可欠

　企業活動を取り巻く環境の変化はこれまでも度々起こってきたことですが、近年は特にその変化の度合いとスピードが早くなっており、その変化は不可逆的です。こうした変化に中小企業も否応なく巻き込まれるため、柔軟に対応できる経営戦略を立案して実行していかなければ事業存続が危ぶまれてしまいます。

　こうした状況の時代は、第1章で解説したように「VUCA（ブーカ）の時代」と言います。Volatility（変動性）、Uncertainty（不確実性）、Complexity（複雑性）、Ambiguity（曖昧性）の頭文字を取って VUCA です。

　VUCA 時代を生き抜いていくには、これから起こる未来を予測したり、仮説を立てて行動に移したり、行動の結果を検証して、誤っていた場合はすぐに改善して次の手を考えたり、最適解を探して経営戦略を立案することが求められます。

　そこで、外部環境の状況や変化を把握する PESTLE 分析が役に立つのです。

　PESTLE 分析によって市場に潜むチャンスやリスクを捉えられれば、最適な経営戦略を立案していくことが可能になるでしょう。自社の企業活動にとってのチャンスを見出せれば、そのチャンスをつかむ戦略を検討することができます。一方、リスクを把握できれば、リスクに備える戦略を予め準備できます。

　PESTLE 分析は経営計画書作成のためだけに行うものではありません。PESTLE 分析の6つの観点で外部環境の状況や変化を整理する機会を意識的に設け、日々の経営活動の改善に活かすことが VUCA 時代を生き抜く経営につながるのです。

2. PESTLE分析で 過去・現在・未来を見る

(1) PESTLE分析によって過去を振り返る

　現在の外部環境の状況や変化を把握する前に、まずはPESTLE分析を用いて過去を振り返ってみましょう。過去3期分の決算書を広げて、数値がよかったときにどんな出来事があったかの記憶をたどります。

　売上がよかった年は何があったのかを思い出すと、企業活動にプラスの影響を与えた外部環境の要素を列挙することができるでしょう。例えば、消費税増税前の駆け込み需要で成約件数が増加したことや、猛暑のためクール系商品が売れて客数が増加したこと、アベノミクスによる景気拡大により高単価商品が売れて客単価が上がったなど、当時の情景が浮かんでくるのではないでしょうか。

　一方、売上が低迷して利益が減少した年は何があったかを振り返ります。すると、原油価格の高騰で原材料費が高騰して売上原価が増加したことや、運送会社の配送料値上げにより配送運賃が増加したこと、電子マネー決済の割合が増えて支払手数料が増加したことなど、マイナスの影響を受けた外部環境の要素を列挙することができるでしょう。

　このように、外部環境の変化と経営への影響を考えることで、両者の因果関係を分析することができます。因果関係とは、原因とそれによって生じる結果の関係のことです。この因果関係を把握しておくと、現在の経営活動上で起きている事柄の理由づけができますし、未来の経営活動で発生する事柄の予測に役立てることができます。PESTLE分析を行う際は、まず過去の振り返りから始めましょう。

(2) PESTLE 分析を経営分析に活用する

　過去の振り返りで行った PESTLE 分析を、現状と未来の分析にも活用してみましょう。例えば、過去に猛暑でビールの売上が伸びた食品スーパーであれば、ビールの売上が伸びている要因の一つを「気温の上昇」という環境的要因に分類することができます。一方で、猛暑なのにビールの売上が伸びていなかった場合は、環境的要因ではなく、消費者の嗜好の変化という「社会的要因」や、景気悪化で可処分所得が減ったという「経済的要因」を探ることになります。その場合は、仕入計画や棚割りなどの品揃えを見直す必要性が出てくるでしょう。

　あるいは、過去に公共工事が増えたことにより売上が増えたという経験がある建設会社であれば、次年度の公共工事の予算を見て、自社の売上が前年比プラスまたはマイナスになりそうかの予想がつきます。その予測に基づき、要員調達を考える必要も出てくるでしょう。また、過去に暖冬で冬物の売れ行きが鈍かった経験があるアパレルショップであれば、今季が暖冬傾向の場合は売上計画の達成が難しい可能性を予想でき、別の売上向上施策に早めに着手できますし、予想気温のデータを注視して在庫の発注量を判断でき、利益率の改善につなげることもできるでしょう。

　このように、過去を振り返り現状を分析し、仮説を立てて経営活動に活用し、再度その結果を振り返ることを繰り返していけば、PESTLE 分析の有用性を実感できるでしょう。

(3) PESTLE 分析を活用して未来に備える

　PESTLE 分析によりさまざまな観点から過去 3 期分の決算書の振り返りを行うと、どのような外部環境の状況や変化が企業活動に影響を与えてきたのか、その影響はどのくらいプラスだったのかマイナスだったのかが見えてきます。

　それらを分析することで、外部環境の状況や変化によって自社の企業活動がどんな影響を受けるのか、その特徴や傾向を把握できるのです。特徴や傾向を把握できれば、市場や顧客、社会の変化をニュース等で耳にしたときに、自社がどのような影響を受けるのか仮説を立てて考えることができます。

　その結果、選択すべき戦略の方向性を見出すことができ、プラスの外部環境変

化を機会と捉えて売上・利益を積極的に伸ばすことにもつなげられるでしょう。また、その機会をつかむために自社の改善活動に取り組むきっかけにもなります。

　例えば、仕入値高騰の影響で市場全体において販売価格の値上げが予想される状況になった場合、1〜2か月前から値上げ予定を告知しておくことで、顧客の駆け込み需要を取り込める可能性が高まります。また、今夏の猛暑が予想されるのであれば、需要を取り込むために他社に先駆けて在庫を確保し、早めに販売促進を行うことで市場シェアを獲得することにつながるでしょう。

　一方、マイナスの外部環境の変化を脅威と捉え、売上・利益を確保するために自社の経営資源を差別化のために活用することができます。また、脅威が自社にとって致命傷にならないように選択と集中の戦略で回避することもできます。

　例えば、原価の高騰が続くと予想されるのであれば、粗利率ではなく粗利額の確保を図るために客数向上の方針を示すことができます。また、変動費の高騰により、1注文当たりの利益額の減少が予想されるのであれば、客単価向上のために1注文当たりの買い上げ点数増加を促す施策を早めに実行に移すことができます。

　このように、過去の振り返りで、自社の企業活動に与える外部環境要因を分析できていれば、現在の経営状況の理解に役立つだけでなく、未来の外部環境の変化によって企業活動にどのように影響があるかを予測できるようになるのです。

　予測はあくまでも予測であり、必ずしもそうなると断定はできません。しかし、外部環境の現状と変化の分析から仮説を立てて未来を予測することで、未来に対する備えをしやすくなり、それが経営戦略立案の役に立つのです。

　PESTLE分析で過去・現在・未来を見ることを繰り返すことで、外部環境の変化と経営への影響の因果関係を分析する精度が向上していきます。ただし、最初から精度を追い求めるのではなく、繰り返し行い検証する回数と頻度を上げることで、結果的に精度が向上するものだと理解しましょう。

　そして、PESTLE分析の精度が向上した結果、経営戦略を立案する精度が向上し、実現性の高い根拠のある経営計画書の作成が可能となるのです。

3. PESTLE 分析は経営計画の立案に必要不可欠

　PESTLE 分析は、外部環境の変化に対する自社の傾向と特徴をつかみ、現在と未来の戦略立案に活用できるので、経営計画立案に必要不可欠です。

　経営計画立案時に、実施を検討すべき戦略と、選択すべきではない戦略の予想ができ、経営計画の実現可能性も高まります。実現精度が高い経営計画を立案できるようになれば、事業を安定的に継続・発展させていくことが可能になり、経営者の不安も軽減できるでしょう。

　また、銀行に対しても、根拠ある経営計画を立案できる信用力のある会社として評価され、関係性の構築にも寄与することになります。漫然と PESTLE 分析を行うのではなく、目的と意図をもって実施することが肝要です。

(1) PESTLE 分析で押さえておくべきポイント

　PESTLE 分析は一見難しく感じるかもしれませんが、ポイントを押さえると比較的容易にできるものです。日頃何気なく生活していて、耳に入ってくるニュースや目にする情報のうち、興味があるものを列挙してみましょう。それらは自社の企業活動に何かしらの影響を与える可能性がある要素である場合が多いのです。なぜなら、その事業を長く営んでいればいるほど、過去に影響を受けた外部環境要因のことは覚えており、それらに関連する情報は無意識に収集するようになっているものだからです。

　また、思いついた要素がどの分類に当てはまるのか、あまり悩まず、直感で分類していきます。分類することが重要なのではなく、自社の企業活動に影響を与える要素を挙げて、どんな影響があるのかを分析することが重要なのです。

　なお、PESTLE 分析は複数で行うことをお勧めします。1 人の視点だけでは考えつく要素の数に限界があるため、複数の違う立場の視点で外部環境要因をでき

るだけ多く列挙しましょう。

　また、ファシリテーター役を設けて実施するのが効果的です。ファシリテーター役は、実施者に対してさまざまな視点の質問を投げかけながら進めていくのです。要素の列挙が滞った際には、実施者に気づきを与える質問を効果的に行い、経営戦略立案につながる要素を抽出していきます。ファシリテーター役に適任者がいなければ、外部のコンサルタントや専門家に任せるのも効果的です。客観的な第三者の視点で新たな気づきを得ることにつながるからです。

　PESTLE分析の具体的な進め方については後述しますが、列挙した要素をプラス面、マイナス面の2つの視点で考えることはぜひ実践していただきたいところです。要素は事実でしかないので、捉え方によってはプラスにもマイナスにもなるからです。ピックアップした要素が、自社の企業活動にとって機会と考えるにはどのようなことが言えるのか。逆に、どのように捉えると、自社の企業活動にとってピンチや脅威となるのか。あらゆる可能性を考えて、広い視点で分析を進めていきます。

(2) PESTLE分析の注意点

　主観的な意見や感情に基づく情報は、意識的に排除しなくてはいけないので注意が必要です。主観的・感情的な情報を排除する理由は、それらの情報は事実が加工されていたり、主観で捻じ曲げられていたりする場合が多く、経営戦略のもととなる外部環境分析を行う情報としては信頼性に乏しいからです。

　補足すると、排除する情報は第三者の主観的・感情的な情報だけでなく、自分自身の主観的・感情的な意見や考えも排除すべきです。人間誰しも、自分に都合の悪い情報は信じたくないため、都合よく解釈してしまったり、自分に都合のよい情報だからと過大解釈してしまったりすることになりかねないからです。

　したがって、外部環境分析を行う際には、客観的事実であるデータや情報を収集します。具体的には、官公庁や調査機関が公開している調査資料や統計データ、自分たちで独自に調査したデータ、マスコミが流す情報の中でも事実の部分を収集します。自社の企業活動の顧客が一般消費者であれば、対象地域の「人口動態統計」を調べて、対象顧客の人口が増えているのか減っているのかを社会的要因として捉えます。また、物価の状況を把握するには「消費者物価指数」の推移を経済的要因として捉えます。このように客観的事実に基づいた要素を収集するこ

とで、誤った分析をしてしまうのを回避することができます。

　また、客観的な視点でいえば、特に PESTLE 分析と過去 3 期分の決算書の振り返りを行う際には、注意が必要です。過去の辛かった出来事や苦い思い出を見つめ直さねばならない場面になると、冷静さを失い、客観的な視点で物事を捉えられなくなるからです。過去に起きたことは変えることはできないと割り切り、明るい未来のために活かしていくという前向きな意識を持つことが肝要です。

(3) PESTLE 分析は統計データで根拠を強化する

　PESTLE 分析で用いた統計データは、経営計画にも関連情報として記載するのが望ましいでしょう。

　経営計画には具体的なアクションプランとその方向性を示した戦略を記述します。その戦略を立案した根拠として、SWOT 分析と PESTLE 分析を行うのですが、その分析結果を導き出した要因として統計データを用いると根拠が強くなるのです。なぜなら、統計データは客観的かつ定量的な傾向を数値で表したものであり、自社の恣意的な解釈を排除しやすく、対外的な信憑性が高まります。

　なお、融資残高が大きい貸付企業に関しては、銀行自ら外部環境分析を行い、将来性や事業性を客観的に評価している場合もあります。そのため、統計データの出典先を明示して、業界動向や市場動向を客観的に考察している姿勢は、好意的に受け取ってくれる可能性があります。

(4) 上場企業の有価証券報告書を PESTLE 分析の参考にする

　PESTLE 分析を行う際に参考になる材料として、上場企業の有価証券報告書があります。同じ業界もしくは類似業界の上場企業のホームページにアクセスし、最新の有価証券報告書や IR 情報を見てみましょう。そこには、経営環境や市場環境に関する記述箇所があり、経営環境の変化の中で、何を機会と考えているか、何を脅威と考えているか、などが記載されていたりします。

　大手企業が影響を受けると考えている外部環境変化であれば、当然ながら中小企業にも影響がある可能性が高いでしょう。現代社会は情報があふれています。情報を取捨選択して、有益な情報は能動的に収集し、自社の経営に大いに役立てたいものです。

4. PESTLE 分析の進め方

(1) PESTLE 分析の説明

　実施者全員で、PESTLE 分析を行う目的の確認、用語の意味、ポイントや注意点の確認を行います。各実施者の理解度や、分析を実施する目的意識にバラつきがある場合が多いことから、まずは理解度を合わせることと目的意識を合わせるようにします。

　次に実施時間を決めます。休憩を挟みながら数時間行う場合もありますが、実施時間はできるだけ長く設定しておきましょう。

　PESTLE 分析の説明の後、ホワイトボードか模造紙に、PESTLE の枠を書いてから、次の手順に移ります。※内容は 113 ページを参照してください。

■ PESTLE 分析のフレーム

政治的要因 （Politics）	【政治的外部環境の状況や変化】
経済的要因 （Economy）	【経済的外部環境の状況や変化】
社会的要因 （Society）	【社会的外部環境の状況や変化】
技術的要因 （Technology）	【技術的外部環境の状況や変化】
法律的要因 （Legal）	【法律的外部環境の状況や変化】
環境的要因 （Environment）	【環境的外部環境の状況や変化】

(2) キーワード出し

　自社の企業活動に影響を与える外部環境の要素をできるだけ数多く列挙していきます。そのため、アイデア出しの手法である「ブレインストーミング法※」で行うのがいいでしょう。

　実施者に付箋（ポストイット）を配布し、実施者は外部環境の要素を付箋に書きます。付箋に書く内容は、要素のキーワードでもいいですが、できれば主語・目的語・述語という文章で記すとよいでしょう。キーワードだけだと、他の人が読んだ際に違う解釈をしたり、後で読み返したときに当初と間違った解釈をしたりしてしまうからです。例えば、「インバウンド」と書くのではなく、「中国人観光客のインバウンド需要が減少している」と書きます。そして、ホワイトボードか模造紙上のPESTLEの枠内の当てはまる箇所に付箋を貼っていきます。

※ブレインストーミング法：代表的なアイデア発想法であり、テーマに沿って自由奔放にアイデアを出し合う手法である。ブレインストーミング法には、守るべき4つのルールがあり、必ずメンバー間でルールを確認してから始める。

■守るべき4つのルール

①質より量	よいアイデアを出そうと考えずに、とにかくアイデアの数にこだわる。思いついたら書く。良し悪しの判断もせず、とにかく量を生み出すことを意識する。
②批判厳禁	他者のアイデアを絶対に批判しない。思いつきのアイデアだから、指摘点・欠点・不具合があって当然。アイデア出ししたことをいいね！と称えよう。
③自由奔放	変わったアイデア、自由な発想のアイデアは大歓迎。制約条件なし、常識問わず、見当違いなアイデアもOK。自由奔放にアイデアを出す。
④便乗・結合	出されたアイデアに便乗してアイデアを出したり、すでにあるアイデアを組み合わせて新たなアイデアを生み出したりするのは大歓迎。便乗・結合を自由に行う。

（3）プラス面、マイナス面の検討

　掲出された外部環境の要素に対し、プラス面で考えると自社の企業活動にどのような影響があるか、マイナス面で考えるとどのような影響があるか、を付箋に書き、各要素の付箋の横に貼り付けていきます。一つの要素に、複数のプラス面、マイナス面が出てくるのはよくあることなので、数を意識して書き出していきます。

　プラス面の内容には「＋」、マイナス面の内容には「－」を文頭に書くと、後で見返ししやすくなります。プラス面、マイナス面という言葉がわかりづらい場合には、プラス面を「機会（チャンス）」、マイナス面を「脅威」と置き換えて考えるとよいでしょう。外部環境の変化で、機会と感じているのは何か？　脅威になっていることは何か？　などと問いかけをしてみます。

　なお、プラス面をより多く書き出すのがよいでしょう。プラス面はSWOT分析の「機会」になるため、自社の経営を好転させる突破口となるからです。

（4）振り返りによる確認

　終了時間が近づいてきたら、それまでに掲出された付箋を一つずつ読みながら振り返ります。表現に誤りはないか、もっとわかりやすい文章はないか、後で見返したときに複数解釈しないか、ヌケやモレがないか、などを確認します。

（5）PESTLE分析とSWOT分析を連携させる

　過去の決算書3期分を基に、過去の外部環境分析をぜひ行ってください。何度も述べますが、過去を振り返ると、自社の良いクセ、悪いクセが見えてくるからです。良いクセというのは長所であり、「強み」です。悪いクセというのは短所であり、「弱み」です。これらを、SWOT分析の「強み」「弱み」の分析に活かしてください。また、PESTLE分析で挙げた要素は、「プラス」「マイナス」で区分しました。プラスの要素は「機会」、マイナスの要素は「脅威」としてSWOT分析に活用してください。

　PESTLE分析を行ったら、次にSWOT分析を行います。SWOT分析については、次の第5章で解説します。

第 **5** 章

財務的視点で
SWOT分析に取り組む

1. 意思決定プロセスの最強ツール SWOT分析

(1) 戦略策定ツールとしての活用

　SWOT分析は、目標を達成するために意思決定を必要としている組織や個人を取り巻く外部環境や内部要因を検討し、社会経済環境の変化に対応した戦略策定をするためのツールの一つです。

　内部要因を「強み」(Strengths) と「弱み」(Weaknesses) に、外部環境を「機会」(Opportunities) と「脅威」(Threats) に分類し、この4つのカテゴリーをクロス分析し、「積極戦略」「縮小撤退戦略」「改善戦略」「差別化戦略」を抽出します。

- ●「自社の強み」×「自社にとっての機会」が交わる分野を**積極戦略**
- ●「自社の強み」×「自社にとっての脅威」が交わる分野を**差別化戦略**
- ●「自社の弱み」×「自社にとっての機会」が交わる分野を**改善戦略**
- ●「自社の弱み」×「自社にとっての脅威」が交わる分野を**縮小撤退戦略**

		内部要因	
		強み	弱み
外部環境	機会	積極戦略	改善戦略
	脅威	差別化戦略	縮小撤退戦略

　SWOT分析は意思決定プロセスの予備段階で使用することができます。事業

主体（企業またはプロジェクト）の目的・目標を明示し、その目的・目標を達成するために好ましい、または不利な内的・外的要因を特定するとともに、それらの要因を分析した戦略や戦術を抽出することができます。

(2) 過去SWOTで経営課題を分析する

SWOT分析は主に将来の事業戦略を決めるための有効なツールですが、将来を検討する前に、まずは過去のことも分析しないと、本来の経営課題や事業戦略は見えてこないものです。

過去5年程度の決算書や月別の実績試算表、実績資金繰り表などの財務資料を活用して、自社における過去の結果から原因を分析するように、過去SWOT分析をしてみます（※第1章のイメージ図参照）。

ほとんどの中小企業は経営計画書の作成は言うに及ばず、SWOT分析の経験もないので、いきなり事業戦略や戦術と言われても、どのように構想し、組み立てればよいかがわからないのが現実です。

そのギャップを埋めるために、過去のSWOT分析をする際に過去の財務資料を準備し、財務の専門家に依頼するなどして、自社の成功要因及び失敗要因を的確に把握することが肝要です。

(3) SWOT分析は銀行融資にも有効

中小企業庁や金融庁は、中小企業や金融機関に財務的な経営に取り組むことを積極的に促進しています。

新型コロナウイル感染症の影響により、7割以上の中小企業がコロナ融資を受けました。3年間の元金返済猶予で借りた中小企業は、令和5年以降から元金返済が始まりました。

金融庁は貸し倒れを出さないために、令和5年1月10日から「ゼロゼロ融資の借換保証制度」を導入しました。しかし、この制度融資はハードルが高くて、実際には機能していないと言われています。

その理由は、融資先が融資を申込むときに「経営行動計画書」を作成して、添付書類として信用保証協会に提出しなければならないことにあります。この書類は財務の専門家からすると平易なものですが、経営計画書を作成したことのない

中小企業の経営者からすると難しい書類になります。

　また、中小企業庁は、国が認めた『経営革新等認定支援機関』のサポートによる早期経営改善計画策定支援事業で、中小企業を支援していくことを推奨しています。この制度もポストコロナをにらみ、中小企業が倒産しないように財務の専門家を派遣して、伴走支援していくことを主旨とした制度です。

　経営行動計画書については、簡易的なSWOT分析を記入する欄があります。早期経営改善計画支援事業にはSWOT分析自体が必須条件とはなっていませんが、SWOT分析から導き出された経営課題及びアクションプランを記入することになっています。

（4）SWOT分析はシンプルでわかりやすい

　経営計画書には論理的な根拠が必要ですが、SWOT分析がすぐれているのは、経営計画の「根拠」を抽出しやすく、かつ難しい理論や知識は必要ではなく、その手法が他の経営分析ツールよりも簡単なことです。

　本書ではこのSWOT分析と第4章のPESTLE分析を主として解説していますが、このほかにも、PPM分析、3C分析、5force分析など、いろいろな経営戦略分析手法があります。その中で、中小零細企業にはSWOT分析が特におすすめである理由は、理論や手法がシンプルであり、社内でやろうと思えばできるからです。

　その基本は、先述したように内部要因の「強み」と「弱み」、外部環境の「機会」と「脅威」を抽出して、それぞれ抽出された事項を掛け合わせることで、独自の戦略が浮かび上がることです。これは非常にわかりやすく、経営コンサルタントに丸投げするのではなく、社内の検討会に適した手法です。

　例えば、自社の強みである「A」と外部環境の機会である「1」を掛け合わせると、自社独自のニッチな市場「A1」をあぶり出すことができます（167ページ参照）。

　中小企業には基本的に大きな市場はありませんから（これらは大企業が占めている）、これからはどのようにニッチニーズやニッチ市場をつかんでいくかが重要な戦略になってきます。それを抽出するのに最適な戦略立案ツールがSWOT分析なのです。

2. SWOT 分析を より効果的なものにするために

(1) PESTLE 分析の活用

　しかしながら、SWOT 分析はハードルが高いとよく言われます。なぜなら、目に見えない事業戦略を可視化していくからです。それに、先述のように中小企業の経営者は財務リテラシーがあまりないし、経営計画書を作成する際に利用するフレームワークの経験もあまりないことが起因しています。

　SWOT 分析をする際にぜひ活用すべきフレームワークとしてあるのが PESTLE 分析です。これは SWOT 分析の外部環境要因分析（機会と脅威）をする際に必要なツールですが、内部要因と違い、自社の自助努力ではどうすることもできません。同様に大企業も外部環境要因をすべて予測して対応することはできません。

　第 4 章で説明したように、PESTLE 分析によって外部環境要因をイメージするとマクロ的なことがほとんどであり、大企業であったとしても対策を練るときに、適確な対応策を描けないのが現実です。しかしながら、この分析を過去の自社の事例から、どのような外部環境変化があったのかを知ることで、最悪の事態を回避することは可能です。

(2) SWOT 分析は垂直思考よりも水平思考で

　SWOT 分析のハードルが高い理由として挙げられるのは、フレームワークを検討している際に仮説思考の経験がない人が多いこともあります。仮説思考で大切なことは、過去の振り返りでわかった会社の行動パターンとか、売上の増減要因などを土台にした情報です。この情報を収集しないで取り組む仮説はそもそも仮説にはなり得ません。

　また、日本人の性格なのかもしれませんが、物事を考えるときに、垂直展開思

考（ロジカルシンキング）で捉えがちです。この思考法が悪いわけではありません。ただ、この手法で物事を捉えていると完璧主義になってしまう傾向があるのです。その結果、精度の高い計画書を作成しなければならないと勘違いしてしまい、経営計画書を作成すること自体が目的とゴールになってしまっています。

　この思考だと最終的に行き詰まります。なぜなら、SWOT分析で未来を検討するのにロジカルシンキングで対応していくと、正確な答えを求めようとするようになるからです。

　ちなみに、SWOT分析は水平展開思考（ラテラルシンキング）でさまざまな事象をイメージしていき、70%くらいの確度で方向性が見えてきた段階で「強み」「弱み」「機会」「脅威」に該当するのかを分類するとよいでしょう。この時点では80点以上の評価を得ようとするのは意味がありません。

　また、仮説思考は横展開でイメージしていくとよいでしょう。ちなみに仮説とは「〜たら」「〜れば」という言葉で表現されるものです。気楽に「〜たら」「〜れば」で仮説を組み立てます。

　一つの事柄に集中してイメージすると出てくる答えが画一的になりやすいものですが、どのようにも考えられるあいまいな仮説のほうがいろんなイメージが湧いてくるものです。

(3) 多種多様な要素でイメージする

　SWOT分析で、例えば外部環境の「機会」とされた要素を、その逆も真なりと捉えて「脅威」と考えてみたりします。一般的に市場が拡大していくと見れば「機会」ですが、同時に、拡大された市場には多くの同業者も参入してくるのであれば、自社に特段の優位性がなければ「脅威」にもなります。

　内部要因の「強み」と「弱み」も表裏一体です。若者が多いことは一般的には「強み」ですが、経験が浅く、トラブル対応などに的確に対処できない点を見れば「弱み」になります。このように「強み」や「弱み」は本当にそうなのかと必ず対（つい）で考えるようにしていくと、イメージの幅が広がり、さまざまな要素があぶり出されてきます。

　また、外部環境でPESTLE分析をする際には、ただ一つの要素を鋭角的に深掘りしていくのではなく、複数の要素に当てはめていけばイメージの幅が広がり、SWOTでのクロス分析によって多種多様なものが抽出できるようになります。

SWOT 分析はあくまで戦略・戦術を抽出するフレームワークであり、正解を求めるものではありません。

(4) 根拠は PESTLE 分析や SWOT分析、過去の振り返りによる

　本書の冒頭で述べたように、財務とは経営そのものです。また、経営計画書のほとんどは最終的に数字で示されます。数字で表現するときには、その根拠がポイントになるのは言うまでもありません。仮に経営計画の策定をしたとしても、売上高は対前年比の○○％増加、人件費は○名採用するから対前年比の○○○万円加算、といったイメージで根拠のないものだとどうでしょうか。銀行やステークホルダーが納得するでしょうか。

　根拠がない経営計画というのは、PESTLE 分析や SWOT 分析によって戦略を検討せず、あるいはそれらの分析ツールを使ったとしても形式的なものだったりします。また、過去の財務資料から自社の良いクセや悪いクセをつかんだうえで、自社の内部要因における経営課題を抽出できていなければ、"真実"が明確になっておらず、その結果、根拠の乏しい経営計画になってしまいます。

　外部環境の機会や脅威についても過去の出来事を当事者（担当の従業員）に確認していくと、売上がなぜ上がらなかったかの理由がわかるようになります。

(5) 損益と資金繰りの相関を知れば SWOT分析の精度が高まる

　SWOT 分析によって抽出された戦略・戦術はいわば仮説です。その仮説を限りなく現実に近いものにし根拠あるものとするためには、前述のように過去の振り返りによる自社のクセを知ることが必要です。

　具体的には、過去 3 年の損益と実績試算表から、売上や営業利益、経常利益、そして現金預金や借入金、純資産の部合計の推移から、会社の儲けの状況と資金の流れがどのようにリンクしているのかを把握できるようになります。つまり、損益と資金繰りとの相関性が理解できるようになるのです。

　この相関性がわかってくると、過去の損益と実績資金繰り表の振り返りから、経営計画書の作成をしていなかったことによる惰性の経営で、銀行から「言われるがままのお付き合い」で無駄な融資を受けていたことにも気づくようになります。また、市場の変化に気づかず売上を伸ばす機会を逸していたことにも気づく

ようになるのです。

　過去の数字の流れから、どのような経営をしてきているのかということを自覚できないと、未来に向けての鮮明なイメージは湧いてきません。そもそも自分の会社のことを一番よく知っているのは経営者であり、特に、売上の状況と現金預金残高の推移は、経営計画書の作成をしていなくても把握しているものだし、把握していなければなりません。

　内部要因を把握できていないことに何も感じていないことが問題なのですが、それは経営者に財務リテラシーがないことに起因しています。そういう経営者に変に危機感だけを煽ったとしても、意固地になるばかりです。このままでは駄目になってしまうかもしれないと理解してもらうには、すべて数字で表現するしかありません。

　財務資料から過去の振り返りをすることで、現時点での経営課題が浮き彫りになり、財務面からの取り組みをするからこそSWOT分析の精度が高くなるのです。ただし、ほとんどの中小企業の経営者に財務に強い人はいません。だからこそ、財務に強くSWOT分析にも明るいコンサルタントにサポートしてもらい、数字から正しい現状認識をしてもらうほうがいいのです。

　SWOT分析によって内部要因の「強み」「弱み」、外部環境の「機会」「脅威」があぶり出されてきたとき、それらはある意味仮説みたいなものです。「こういうことが強み（弱み）ではないだろうか」「この環境変化はわが社にとって機会（脅威）になる」と想像しますが、本当にそうであるかどうかは、過去の損益や実績資金繰りが示してくれているものです。

　輸入品を多く扱っている会社が、円安傾向が続いていることで「脅威になる」とした場合でも、過去に同様の経営環境になったのに、売上、利益とも伸びていたとしたら、それほどの脅威ではないということになります。同様に、社員の高齢化が進んで若手社員の採用が滞っていた場合、平均年齢が高くなり「弱みになる」と考えます。しかし、過去の損益を見ると、売上が大きく伸びていたときも人材の若返りはなく、ベテラン社員の頑張りで増えた仕事をこなしてきたという事実があれば、従業員の高齢化は短期的には脅威ではないことがわかります。

　何が機会なのか、脅威なのか、強みなのか、弱みなのかは、第1章で紹介した「過去SWOT分析」が明らかにしてくれますし、過去の損益や実績資金繰りがそれを実証してくれます。こうした検証をしていくことで、SWOT分析によってあぶり出された数々の事象は、仮説から現実味を帯びたものになるのです。

3. 財務の視点で取り組む SWOT 分析

(1) 企業の将来は過去にヒントがある

　SWOT 分析をする際に、意外にも自社の決算書分析をやっていないケースが多いようです。また、本書と類似する書籍でも、SWOT 分析をする前に決算書分析に取り組むことを推奨している書籍を見かけません。その是非については問いませんが、中小企業の経営がうまくいかない理由の一つに、経営者の財務リテラシーの低さが挙げられます。

　そもそも経営者が数字を根拠に売上や仕入、経費の使い方、調達と運用のバランスの仕方などを身に付けていれば、SWOT 分析は平易にできるはずです。また、過去会計と言われている決算書には、経営者が過去に意思決定をしてきた結果、売上や仕入、経費や調達と運用が決算書の各勘定科目に数字として表現されています。

　だからこそ、この数字がどのようにして組成されてきたのかを逆説的に追求していくと、その会社の強みや弱み、そして機会や脅威も浮かび上がってくるようになるのです。

(2) 決算3期分の財務分析から始める

　具体的には、過去の決算書3期分の時系列分析をすることで会社の状態がおおよそ把握できるようになります。

　ただし注意点もあります。財務分析はすべてではないということを忘れてはなりません。残念なことですが、中小企業の3割強は粉飾に手を染めています。しかも財務リテラシーが低い中小企業は、どの勘定科目で、どのように、どれだけの粉飾をしているのかを失念しているケースがほとんどです。

SWOT分析をする際に、その事前準備として財務分析をする手法が今までなかったので、自分の会社の過去から紐解き、会社の良いクセ・悪いクセを的確に把握することなく、さらにそこから事業運営の結果（事実）を冷静に受け止めないでいると、未来に対する事業戦略がそもそも明確になることはないのです。

だからこそ、財務の専門家（顧問税理士以外）でSWOT分析もできるコンサルタントに依頼してみるのもいいかもしれません。過去の経験は未来に対する栄養であり、その栄養を無駄にしている要因がどこにあるのか、この取り組みをすることで未来に対する取り組み事項が鮮明になっていきます。

以下の財務分析指標に留意して観察することで、自社が金融機関からどのように見られていたのかも鮮明になるでしょう。以下の財務指標は決算書を精査して実態を把握したうえでの指標です。実際には、金融機関が融資先を精査するときに使用する手法を駆使したイメージで算出します。

❶自己資本比率＝純資産の部合計／総資本【％】

返済不要の自己資本が全体の資本調達の何％かを示す指標です。業種によってまちまちですが最低でも15％以上が望ましいでしょう。また、目的のある利益の繰延べ（事業承継対策の一環で取り組む株価対策など）をする場合でも、金融機関からの安定した資金供給を考えるのであれば、15％以上ないと資金調達のハードルは高くなります。

この指標は会社の利益の蓄積と代表者の増資の状況を表現しています。仮に、目的のない利益の繰延べをしている会社の代表者は、事業の本質を理解していないケースが多いようです。節税がよいことだと捉えている経営者は、赤字になったときに、内部留保が薄いことで新規資金調達に苦しむことを知らないからです。

ちなみに15％以上がいいというのは、銀行が融資先の決算書を査定するときに自己資本比率が15％以下の場合は「0点」で評価しているケースが多いからです。つまり、15％未満だと新規融資を受けるときの加点評価にならないということです。

❷手元流動性＝現金預金／月商【か月】

すぐに使用できる現金や上場企業の株式などを含む資産が、月商に対して何か月保有されているかを示す指標です。最低でも1か月以上が望ましいでしょう。できれば2か月以上あるとよいとされています。

　この指標を比較するときは、必ず運転資金の月商倍率と同時並行で比較するようにします。銀行から運転資金を多く借りて手元流動性を高めているケースは論外です。

　実質運転資金を計算して実態の手元流動性の引き直しをすることがあります。この引き直しをする際は、経常運転資金を計算します（売上債権＋棚卸資産－買入債務＝経常運転資金）。そして、運転資金総額－経常運転資金でプラスになる場合は、現金預金の総額から該当する金額をマイナスして、実態の手元流動性を再計算することになります。

　また、融資を受けている銀行に定期預金をしている場合は、その定期預金は融資元金と相殺して再計算します。融資を受けている銀行に多額の定期預金をしているような経営者の性格は、銀行から「言われるがままの取引」をしてしまうような気の弱い経営者が多いようです。

❸運転資金月商倍率＝運転資金／月商【か月】

　何か月分の運転資金を利用しているかを示す指標です。経常運転資金の範囲内で収めるのがベストです。できれば 2 か月以内が望ましいでしょう。3 か月以上を超えてくると返済負担が重くなるので要注意です。

　ちなみに、上記の指標はコロナ前のイメージです。令和 2 年 3 月から令和 5 年 3 までの約 3 年間はコロナ禍で多くの中小企業がコロナ融資の利用を余儀なくされました。この 3 年間で、運転資金月商 3 か月以上利用している会社が多いと言われています。

　つまり、コロナ前とコロナ禍中で月商 5 ～ 7 か月の運転資金の利用をしているのが平均的な中小企業になります。5 か月以内で、売上が復調して経常利益が黒字化しているのであれば、返済に要する年数も経常利益の金額にもよりますが 10 年以内に収まるようになるでしょう。

　財務から見た SWOT 分析をするようになると、自社の特徴や銀行との関係性もわかるようになるので、無駄な運転資金を利用しなくなるようになります。

❹総資本回転率＝売上高／総資本（総資産）【回】

　会社の総資本を活用して、売上をどの程度上げているかを確認するための指標です。インターネットで検索をして「業界平均値」を確認しておくとよいでしょう。概算になりますが、建設業及び運送業は 1 回転、小売業は 1.5 回転のようなイメ

ージです。事前に業界平均値を把握して財務分析をすると、総資本回転率をよくするための方策を考えるようになります。

a）在庫に目がいくようになり、在庫管理に取り組むことで在庫回転期間がわかるようになる。

b）在庫を管理する過程で、不良在庫をなくしていくことで、売れ筋商品をつかめるようになり、販売先の回収スピードを早くすることで資金効率がよくなることに気づくようになる。この取り組みをすることで、売上債権回転期間が短縮されるようになる。

c）そうなると手元流動性が上がり、運転資金の月商倍率が下がるようになる。この指標は人間の身長と体重のバランスみたいなもの。売上高（身長）／総資本（体重）＝総資本回転率。つまり、自分の身長（売上高）に適した体重（総資本）になることを意識することで、自社に適した回転率を維持するようになる。

❺売上高経常利益率＝経常利益／売上高【％】

企業の総合力を示す指標です。最低でも１％以上で銀行からプロパー融資を調達したいと考えるのであれば３％以上が望ましいでしょう。イメージは３期連続、年商３億円、経常利益率３％以上（経常利益額で1,000万円超）、自己資本比率30％以上になると、プロパー融資（運転資金の場合で無担保融資）の獲得ができるようになる確率が飛躍的に上がります。ちなみにこの数字をクリアしているのに、運転資金を利用するケースで信用保証協会の保証付き融資での対応しかしてもらえないのであれば、新しい金融機関を開拓するほうが得策でしょう。

❻インタレスト・カバレッジ・レシオ＝
（営業利益＋受取利息＋受取配当金）／（支払利息＋支払配当金）【倍】

金利の支払能力を示す指標です。この倍率が１倍以下になると金融機関は新規融資を警戒し始めます。金利負担が重くなり、今後の金利の支払に懸念が生じる可能性が高くなるからです。

金融機関から安心してもらうためには、最低でも３倍以上が望ましい。プロパー融資を獲得するためには６倍以上になると融資条件もよくなります。

ちなみにこの指標と債務償還年数、自己資本比率の３つは金融機関が重視している指標になるので、ベンチマークにしておくとよいでしょう。

❼債務償還年数＝

（銀行融資残高合計−経常運転資金）／（フリーキャッシュフロー
〈経常利益＋減価償却費（特別償却も加算）−法人税等）【年】

　利益ベースの債務償還年数を示す指標です。金融機関から運転資金を調達するためには 10 年以内が望ましいと言われています。ちなみに中小企業の平均は 15 年程度になっています。この年数を改善するためには、財務リストラをして、債務圧縮を敢行するか経常利益を出すしかありません。

　この指標が 20 年以上や経常利益が赤字を計上してしまい、算出不能となると、新規融資は厳しくなります。

　アフターコロナで業績が V 字回復していくケースも多数ありますが、長期的な円安傾向や原油高、そして人材不足による賃金高騰の影響で、経常利益が黒字化できない会社は、金融機関からの前方支援（資金調達）や後方支援（事業再生の対応）も得られなくなる可能性が高くなるので、経常利益の黒字化を念頭に置いた経営をしていく必要があります。

❽売上高総利益率＝売上総利益／売上高【%】

　会社の付加価値力を示す指標です。業界平均値をインターネットで検索して対比するといいでしょう。なぜなら、ほとんどの中小企業は業界の売上高総利益率を知らないからです。経営計画の策定をして資金管理も励行しているような安定した業績の会社は、業界平均値よりも 3% 以上はプラスになっていることが多いようです。業界平均値よりも 5% 以上もプラスになっている優良企業もあります。この指標は差別化の物差しになっています。差別化とは、同業他社との比較的優位性です。つまり、同業者でも真似がしづらいことや真似ができないことに取り組んでいるということです。

　また、これらは事業性評価の指標にもなります。事業性評価とは、金融機関が金融庁から指示を受けて、決算書の表面的な財務分析だけで新規与信や期中管理をするのではなく、融資先の現場に足を運び定期的なヒアリングを含めた実態把握をすることで、融資先の事業性そのものを評価して支援をしていくことです。

　この取り組みをしていく過程で SWOT 分析などが活用されます。したがって、自分で SWOT 分析を行う際には、売上が上下している要因や仕入や原価の管理に取り組むことで、この指標から差別化や独自性を分析して、次なる打ち手の参考にします。

❾売上債権回転期間＝
売上債権〈売掛金＋受取手形＋ファクタリング債権〉／月商【か月】

　商品やサービスを提供してから代金を回収するまでの時間を示す指標です。この指標のキーワードは「不良債権」や「架空売上」が該当します。ちなみに粉飾をしている会社の90％以上が売上債権を膨らます傾向にあります。

　もっともそれは、新規融資を受けるために仕方なく粉飾しているという見方もあります。実態の商取引があって不良債権化しているケースは仕方ない場合もありますが、商取引の実態のない架空売上は粉飾です。ちなみに、業界平均＋１か月以上になる場合は要注意です。金融機関は売上債権については棚卸資産と同様に注意して勘定科目を確認しています。

　事業の本質を表現しているこの勘定科目は、

ⅰ　販売先はどこか
ⅱ　販売先の回収条件（現金手形比率・締め日・立替期間）はどうなっているか
ⅲ　取引先各社の売上総利益及び率の推移がどうなっているか
ⅳ　売上を伸ばすための戦略的経費の利用状況がどうなっているか
ⅴ　各販売先の売上状況がどうなっているか
ⅵ　販売先の見直しをして、回収するまでのリードタイムを短縮するためにはどうすればいいのか

などを念頭に置いて決算書の分析をします。そうしたうえでSWOT分析をすると、自社の実態をより深く知ることができるのは言うまでもありません。

❿棚卸資産回転期間＝
棚卸資産〈商品か製品＋半製品＋仕掛品＋原材料＋貯蔵品〉／月商【か月】

　商品を仕入れてから売れるまでの期間、または原材料を仕入れて加工して納品するまでの期間を示す指標です。この指標のキーワードは「不良在庫」や「架空在庫」が該当します。

　売上債権と同じで、新規融資を受けるときに粉飾をするケースが多く、商取引の実態のない架空在庫は粉飾に該当します。これも業界平均＋１か月以上になる場合は要注意です。金融機関は棚卸資産については売上債権と同様に注意して勘

定科目を確認しています。

　この勘定科日についても、

> ⅰ　仕入先はどこか
> ⅱ　商品や原材料の支払条件（現金手形比率・締め日・立替期間）はどうなっているか
> ⅲ　支払条件の改善方法はどうすればいいか
> ⅳ　各仕入先の状況はどうなっているか
> ⅴ　仕入先への支払いの見直しをして、リードタイムをどう長くするか

　などを念頭に置いて観察すると、売上総利益額も増えていくし、資金回転も改善されてキャッシュリッチになることは言うまでもありません。

　以上、金融機関が融資管理する際に注視している10の財務指標について触れました。これらは金融機関が融資先企業の実態を知るための定量分析に相当するものですが、過去の数字をもとに自社の振り返りをして、会社の実態を経営者自ら理解できるようならないと、SWOT分析をしても浅い内容となり、戦略性も低くなるので、やがて実行しなくなります。そして、作成した経営計画書そのものが絵に描いた餅になってしまいます。

(3) 36か月分の試算表から季節変動要因をつかむ

　過去の金流（お金の流れ）を把握していく過程で必要になるのが、直近3年分の試算表です。この分析に取り組まないと、会社の季節変動要因がつかめないからです。

　季節変動要因は会社の経営の特徴です。この特徴をつかんでおかないと精度の低い、根拠のない経営計画書になってしまいます。

　よく、損益計画と資金繰り予定表の直近12か月分を確認すると、すべて均等に配賦してある計画書や資金繰り予定表を目にすることがあります。このようなでたらめな資料を提出すると、金融機関からの信用はなくなるし、新規融資の依頼をしても審査が通ることはまずないでしょう。

　金融機関はいい加減ではありません。季節変動要因には敏感です。なぜなら、

季節変動要因があるからこそ、運転資金の融資利用のチャンスがあると捉えているからです。

　過去の延長が現在と未来につながるので、必ず36か月分の損益計算書（PL）と貸借対照表（BS）の振り返りをしたほうがいいのです。

　損益計算書を振り返るときは、売上高・仕入高・人件費（役員報酬及び従業員の給料、社会保険料）・営業利益・経常利益の5個をエクセルで折れ線グラフか棒グラフにして時系列分析をします。

　貸借対照表は現金預金・売上債権（売掛金＋受取手形＋ファクタリング債権）・在庫（商品、製品＋半製品＋仕掛品＋原材料＋貯蔵品）・銀行融資（短期借入金＋長期借入金）・純資産の部合計の5個を損益と同様に折れ線グラフか棒グラフにして時系列分析をします。

　また、3年分を12か月ごとに区切って見ていくと、金融機関から融資を受けたときのタイミングや金額、その後の資金効果がどうであったのかを理解できるようになります。

　この取り組みは、あくまでも大局観をつかむためのものです。仮に、売上が増えているのに会社の現金預金が先に減少をしているのであれば、その原因が何かを理解したほうがよいでしょう。当たり前のことですが、このような経営における必然を把握しておくことで、SWOT分析をするときにイメージの深掘りができるのです。

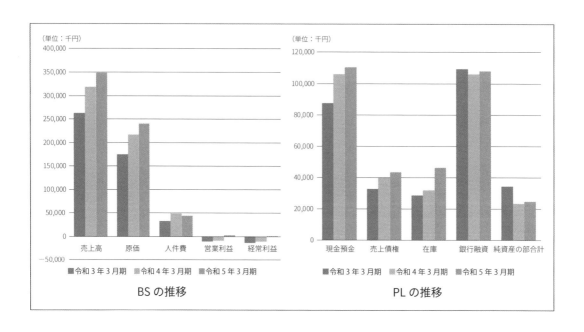

(4) 過去 12 か月の実績資金繰り表からお金の流れをつかむ

　実績資金繰り表の直近期の 12 か月分を作成している会社はほとんどないようです。そもそも資金繰り予定表を作成している会社が 3 割もないからですが、予定表がないのに実績表を作成する意味がないのは当然です。

　実績資金繰り表から金流を把握し、資金調達のタイミングや融資金額や借入内容（借入期間の長短）が適正であったのかを検証することができます。このお金の流れの特徴をつかんでおけば、今後の運転資金及び設備資金を金融機関に依頼するときに、

---

　i　余裕をもって
　ii　適正な金額を
　iii　納得のいく条件で
　iv　ノーストレスで

可能となるのです。この実績資金繰り表を作成するときには、以下の資料を準備しておく必要があります。

---

　i　1 年分の通帳の写し
　ii　現金出納帳
　iii　1 年分のクレジットカード明細
　iv　銀行融資の返済予定表
　v　リースの支払予定表
　vi　生命保険の証券
　vii　損害保険の証券
　viii　税金（国税・県税・市区町村民税・源泉所得税）の納付書
　ix　社会保険料の明細
　x　雇用保険の明細の書類
　xi　労働保険料の明細
　xii　直近 12 か月分の試算表

このように詳細な資料を集めるのは、資金繰り表の数字をぶれないようにするためです。したがって、最初に上記の資料を集めることが重要です。

まずは決算書の損益計算書の勘定科目をそのまま流用していきます。ちなみに、経営計画書を作成するときには実績資金繰り表と同じ形式で運用するとよいでしょう。同じように書式を合わせることで、振り返りをする際にストレスがなくなります。

この取り組みをすることで、過去（決算書の損益計算書と実績資金繰り表）➡ 現在（月次試算表と資金繰り表）➡ 未来（経営計画書の予定損益計画と資金繰り予定表）のように、損益と資金繰りの同じ勘定科目が時系列で対比できるようになります。

ちなみに、損益は発生主義ですが、資金繰り表は現金主義です。これは経営計画書を作成するときの基本的な考えです。つまり、この2つの意味の時間差が世間でよく言う「勘定合って銭足らず」ということなのです。経営計画書では売上も利益も右肩上がりで増加していても、資金繰り表を作成してみると、逆に資金は金融機関から融資を受けないとまずい、ということがよくあります。

そうならないためにも、実績の試算表と実績の資金繰り表から売上高の回収条件と仕入及び経費の支払条件をすべて確認し、各取引先の条件の見直しをすることです。そうすれば売上と利益が増加して、かつ現金預金も増えていくような経営を実践できるようになるのです。

(5) 返済予定表から経営者の借入に対する思考をつかむ

返済予定表は過去の履歴になります。当然のことですが、この意味を知らないで資金調達をしている会社が多いようです。経営計画の策定をするときに、過去の資金調達の振り返りを明確にしている会社もコンサルタントもまずいません。なぜなら、その視座がないからです。筆者が、視座がないと言い切るのは、中小企業の経営者3,000人以上と面談をしてきた結果です。

❶その場しのぎの資金手当て
多くの経営者は、自社の資金調達を考えるときに、その瞬間だけで考えるクセがあります。要は「今、お金が足りない」からです。

本来であれば3〜5年間程度の中期経営計画、そして1年間（12か月を月別

に細分化した）短期経営計画に落とし込みをします。中期経営計画においては3年後に向けた設備計画における設備資金、事業拡大をしている過程で発生していく増加運転資金、現在利用している金融機関と融資の状況及び年間のキャッシュフローからの借入状況の適正化をどうしていくのかを考えるのが当然のことになります。

　損益計画書の12か月分と連動した資金繰り表を精査していけばいくほどに、資金繰り表の経常収支（本業ベースの現金の儲け）よりも、財務収支（金融機関をメインとして資金調達活動や既存融資の返済）が大きく、その結果でキャッシュフローがマイナスになることもあります。試算表の損益計算で経常利益が仮に大幅黒字を計上していたとしても、運転資金の借入が複数本あり、毎月の現金返済が負担となっているケースを放置して、それが資金繰りを悪化させていることが多いのです。

❷財務面での「強み」「弱み」を知る

　しかしながら、返済予定表と金銭消費貸借契約書（借用証書）の控えを短期経営計画に落とし込む習慣が経営者にもコンサルタントにもないので、返済負担が重いまま経営を遂行していかなければなりません。つまり、SWOT分析をするときに、過去の財務分析で返済予定表により振り返りをしておかないと、自社の「弱み」にそれを列挙できなくなるのは言うまでもないことです。

　この分野の弱みを克服するためには、返済予定表と金銭消費貸借契約書からの現状把握と、今後の損益と資金繰りとの相関性を考慮した形で、既存融資の借り換えを含めた対応をしていく必要があるのです。

　返済予定表と金銭消費貸借契約書の控えから、「金融機関別融資取引内訳表」と「長期借入金別毎返済内訳表」を作成すると、経営者の銀行融資に対する考えが如実に浮かんできます。

　SWOT分析をする際に決算書や返済予定表などの財務資料を見てみると、その会社の「強み」や「弱み」がはっきりと浮かび上がってきます。「銀行融資は難しいから」と、それ以上考えることをしないのです。経営管理が苦手の経営者の特徴は、

ⅰ　銀行員から「言われるがままの取引」をしているほうが楽でいい

ⅱ　銀行員の言うことを聞いていれば困ったときに助けてくれる

---

iii　銀行融資に関する資料は会計事務所が無料で作成してくれればいい

iv　自社の財務状況は棚に上げて金利選好感が強い

v　節税嗜好が強く、節税スキームがあると場当たり的に飛びつく

といったものです。

このような会社は赤字企業が多く、例外なく計数管理は苦手としています。しかも、銀行融資が大好きで融資を受けることに違和感がない経営者です。SWOT分析をする前に、金銭感覚は決算書や資金繰り表、そして金融機関別融資取引内訳表を確認すれば、経営者の性格の大半は理解できます。

逆に、経営計画書や資金繰り表、そして金融機関別融資取引内訳表の作成をするだけではなく、それらを経営管理に活用して恒常的に黒字を計上している経営者には、次のような経営者マインドがあります。

i　銀行員には理路整然として自社の状況を伝え、「言われるがままの取引」は絶対にしない。

ii　会社が困ったときに銀行に甘えるような頼り方は失礼だという考えを身に付けている。

iii　銀行融資に関する資料作成は自社で万全の体制で臨んでいるし、そもそも会計事務所に依頼するという考えはない。

iv　金利選好感はあるが、金融機関と交渉をして自社の財務状況に合った金利で納得をしている。

v　節税についてのバランス感覚を持っているので、事業承継を絡めて利益の繰り延べに取り組んでいるというイメージである。

銀行融資の過去の取引履歴を確認していくことで、以上のように経営者の性格が反映されていることに気づきます。そして、それがSWOT分析をするときの仮説になることは言うまでもありません。

(6) 保険証券から事業継続に対する準備を確認する

SWOT分析をするのに保険証券が必要になるとイメージする人はいないのではないでしょうか。保険は2種類、生命保険と損害保険です。生命保険募集人も

損害保険募集人も、SWOT分析をしながら保険募集をしているわけではありません。

　もちろん保険募集をする際にSWOT分析は必要ないのですが、法人保険の契約を管理していく過程でSWOT分析ができるようになると、経営者と経営の話ができるようになります。また、経営者のほうもSWOT分析の造詣が深まると、生命保険や損害保険に対する考え方が変わってくるものです。

❶ゴーイング・コンサーンならば保険は必須

　生命保険は、会社の役員や従業員が仕事ができなくなったときの損失補填をどのようにしていくのか、また役員や従業員の退職金の準備をどのようにしていくのか、事業承継をしていくための株価対策をどのようにしていくのかと考えたときに、当該人物に対して掛けるものです。

　損害保険は、外来かつ偶発的に起こるかもしれないリスク（自動車事故・火事・自然災害・商取引をしている過程など）をイメージして、そのリスクに対する想定損害額を見積ります。そして、想定されるリスクを最小限にする対策を実施したり、リスクに対しては自家保険（会社の現金預金）で対応したり、損害保険に加入して対応するのが普通ですが、ほとんどの中小企業はリスクに対して鈍感なので、自動車保険や火災保険には加入しても、事業における損害賠償責任保険については、建設業以外の業種では対応していないのが現状です。

　事業継続は当然のことですが、そもそも企業の前提はゴーイング・コンサーンです。代表者や役員が代わろうが、従業員が代わろうが、取引先が代わろうが、です。

　会社はこの考え方を念頭に置いてあらゆるリスクの対応策に取り組み、リスクによる影響が経営の三要素であるヒト(経営者や従業員)・モノ(建物・車両運搬具・機械装置・商品・提供するサービスなど)に損失が生じたときに、カネ（売上減少に伴う赤字計上・赤字を補填するための資金調達など）を充当します。

❷外部環境、内部環境の対策を考える

　決算書の分析から過去のSWOT分析をするときに、外部環境要因の環境的要因（自然災害など）をモノと掛けてイメージすれば理解できるでしょう。経営計画書の作成をするときに、この数年間で日本全国で起こった自然災害を調べてイメージすると、仮に自然災害が起きたときにどう対応すればいいのかということ

もイメージできるようになるし、対応策も考えるようになります。

また、内部要因（就業規則・与信管理規程・販売規定・製造マニュアルなど）における諸規定の対応策を確認していけば、発生するかもしれないリスクと対応策のイメージができるようになります。

従業員は取り替えのきくモノや商品とは違います。採用して現場で慣れて、一人前に活躍できるまでには相当な時間がかかります。幹部社員として活躍しているような社員の身に万が一のことがあると、会社にとってのダメージは計り知れません。代表者や役員が同じように万が一のときに、仮にあったときのダメージ（財務インパクト）を想定しながら SWOT 分析をするとよいでしょう。

なぜなら、中小企業は経営者のカリスマで組織が運営されていると言っても過言ではないからです。このような視点は、組織を活性化するための方策を経営者自ら考えるきっかけにもなります。会社が企業活動をしていくうえで遵守していかなければならない事項を明確にして、諸規程を立案して実行していくこともリスクを最小限に抑えることにつながります。

❸リスクコントロールとしての保険活用

筆者は銀行員の経験のみならず、生命保険会社、損害保険会社にも在籍した経験があります。この３つの業種を経験し、経営コンサルタントとして中小企業経営者に SWOT 分析を実践していますが、多くの会社はリスクコントロールを含んだ形での内部体制の強化及び外部環境の影響に対する対応策を仕組み化していないものです。

だからこそ、既存で加入している生命保険及び損害保険の見直しをしたほうがよいと考えています。

(7) リース契約内容から、リースの保証債務を確認する

製造業や建設業、そして運送業はリース契約を銀行融資と同じくらいに多用しています。銀行融資と同じくらいにリース取引は重要になるのですが、しかしながらリース取引を軽く捉えている会社が多いように思います。

リース取引の本質は銀行融資とまったく同じです。ケースによってはリースの審査のほうがハードルは高くなります。

リース契約の物件はリース会社の所有であるものの、銀行融資以上のリスクを

伴っています。銀行融資の場合は信用保証協会という貸倒れに対応する保険のようなものがあり、このような制度はリース取引にはありません。

　したがって、リース会社の審査は債務超過になると概ね新規リース取引は厳しくなります。

❶金融機関は運転資金、リース会社は動産の資金として活用する

　経営計画書及び資金繰り予定表を継続的に作成及び管理している会社の多くは、銀行融資とリース取引を明確に分けています。

　銀行融資は運転資金をメインに、リース取引は土地及び建物取得資金以外の機械装置や車両運搬具を取得するときにしています。その理由は、同じ設備資金でも土地建物は金融機関から融資を受けるときに根抵当権として担保を提供しておき、数年経過すると元金の返済が進んで担保枠が拡がるので、融資を受けるときに有利になるからです。

　ちなみに機械装置や自動車などの固定資産は、不動産と違い動産の部類に入り、金融機関は担保としてみないことが多いのです。したがって、金融機関からは運転資金をメインに利用して、動産を手に入れたいと考えるのであればリース取引を活用するのがベターです。

　また、金利選好感がある経営者は、リースは料率（融資でいうところの金利）が融資よりも高いということで敬遠しますが、運転資金の枠を空けておくほうが得策であることを忘れないでいてください。いざというとき、その枠は活用できるからです。

❷「リース取引一覧表」を作成する

　なお、銀行融資と同じように、リース取引のケースにおいても「リース取引一覧表」を作成して管理しておくとよいでしょう。残リース期間と物件の状態も確認しながら、期限が来たら再リースをするのか、入れ替えをするのかを検討することで、無駄な経費を使わないようにします。

　リース取引も銀行融資と同様に代表者の連帯保証人を付保するケースが多いようです。つまり、リース取引において代表者が連帯保証人になっていないのであればいいですが、連帯保証人になっている場合、代表者の万が一のときの連帯保証債務の対策を生命保険で対応するのも一考かもしれません。

　事業継続を前提で考える場合は、後継候補者が連帯保証債務の承継をすればい

いのですが、M&A や廃業をする際に、リース取引を中途解約する場合は、残存期間のリース料及び違約金の支払をすることがあるからです。

(8) 業種別審査事典で自社と業界の差異を確認し、課題を把握する

　『業種別審査事典』とは、金融機関の役職員が融資先の業界の知見を高めるための資料となるものです。もちろん、企業経営者がこの資料を活用する必要はありません。この資料の活用をしなければならないのは、コンサルタント職の人たちです。経営コンサルタント、会計事務所の役職員、そして保険人（生命保険や損害保険）が該当します。

　この事典は一般社団法人金融財政事業研究会が発行している書籍やデータベースです。金融機関は概ねこの事典を持っています。経営者は金融機関の担当者から自分が属する業界を教えてもらい、自分たちの会社のことを金融機関がどのように見ているのかを確認したほうがよいでしょう。

　この事典には業種の特徴、審査のポイント、業界の財務指標の平均値など役に立つ情報が掲載されています。

❶求められている銀行のコンサルティング機能

　平成時代の後半以降は VUCA 時代と言われています。不確実性が高く、不透明感のある時代において、金融機関も融資をする際に過去会計と言われている決算書を重視していた審査手法では、融資先を管理できないことは理解しています。このような時代背景により、金融庁も 2015 年（平成 27 年）以降は、事業内容や企業が成長する可能性を的確に評価することによって、融資できるかどうかを判断する融資の方法として「事業性評価融資」を導入するように各金融機関に求めたのです。

　この事業性評価を導入する前提で「銀行のコンサルティング機能強化」を求めるようになりました。コンサルティング機能を発揮する過程には、じつはSWOT 分析も含まれているのです。経営者は、金融機関が従来型の決算書至上主義から変化してきていることも知っておいたほうがよいでしょう。

　仮に、過去の内部留保の蓄積がいくらあったとしても、3 年連続で営業利益が赤字になった場合は、新規融資の対応は間違いなく厳しくなります。そうならないようにするためには、経営計画書を作成することは言うまでもなく、その際に

SWOT 分析に取り組み、さらに SWOT クロス分析に取り組むことで「積極戦略」を明確にし、アクションプランで具体的に表現することです。それによって、金融機関も融資先の未来をしっかり見ることができるようになります。

そのためには、まずは金融機関が、自社が属している業種をどのように見ているのかを確認する必要があります。

❷銀行員は自社の業界に精通しているわけではない

多くの経営者は金融機関のことを勘違いしているところがあります。それは、彼らが融資先の業種のことを詳細に理解していると捉えていることです。

じつはそんなことはなく、銀行員といってもピンキリで、メガバンクは総じて行員の能力も高いと世間的では思われていますが、あくまでも属人的なものです。なぜなら、彼らは判断は早いが、その判断をするときに定期的な訪問をして、試算表のみならず資金繰り表や簡易的な経営計画書の提出をさせ、経営者と直に面談をして判断をしているわけではありません。断定的な情報による判断で融資の方針を決めているケースが多いのです。ただし、メガバンクの上位2割の行員はその辺の経営コンサルタントよりも融資先の事業実態を把握しています。

逆に、信用金庫でも、定期的に融資先を訪問して情報収集をする際に、経営者と直に面談をしてインタビューをしていれば、メガバンクよりも融資先の実態を知っているものです。

❸新しい業界のことは知らない

飲食店や小売業、卸売業、建設業、運送業など、世間でよく知られている一般的な業種については、銀行員も業種の特徴をよく押さえています。しかし、介護＆福祉業界は種類が多く複雑で、IT 業界はそもそも目に見えるものがないので評価する方法がわからず判断が難しいものです。その他、特殊な業界については、経験がないと融資判断のポイントがわからないので、銀行からは敬遠されがちになります。

ところが、こういった新しい業界のほうが収益率が高く、成長性も高いことが多いのです。

❹在庫の見方が変わる

金融機関は在庫＝借金として捉えています。金融機関は在庫が業界平均値を1

か月以上超えてくると、不良在庫や架空在庫（粉飾懸念）として疑うようになります。

　しかし、経営者は在庫＝利益の源泉として捉えています。目利きとして売れるものを仕入れて、かつ売れるものをある期間だけ大幅に仕入れて完売できる経営者からすると、在庫リスクがないのに、金融機関から商品仕入資金として新規融資の申し込みをしても、徐々に反応が悪くなり、経営者がストレスを抱くようになります。

　なぜこのようなことが起こるのか ── それはじつに単純明快で、経営計画書や資金繰り表を作成して定期的に金融機関に進捗状況を報告していないからです。そこにSWOT分析の結果やアクションプランを添付することは言うまでもありません。

　金融機関の融資担当者はすべての融資先のビジネスポイントを掌握しているわけではないし、仮に融資先の経営者に目利きがあったとして、実績だけでは金融機関に対して信用残高を増やしていることにはならないのです。じつは、事業性評価融資が叫ばれる前はその限りでもなく、過去の実績は決算書を確認すればわかるので評価の対象としていたことは事実です。

　しかしながら、事業性評価融資が提唱されてからは、時間の経過と共に金融機関の融資先に対する見方も徐々に変化の兆しが見えてくるようになりました。今はVUCA時代です。先行きが不透明な時代だからこそ、企業が自らの意思で経営計画書を作成するときに、戦略性の高い内容をその計画書に盛り込む必要があるのです。そのときに、商流図やSWOT分析（PESTLE分析含む）、アクションプランも添付して、経営管理もできる会社であることをアピールすると、棚卸資産回転期間が業界平均値よりも1か月以上になった場合でも、新規融資の対応をしてもらえるようになるのです。

第 **6** 章

数字に根拠をもたせるための
SWOT分析

1. 7W3H の思考で SWOT 分析に取り組む

(1) 7W3H で情報を整理する

　経営者が自分で経営計画を作成しようとするときに、「何をどう言葉にしたらいいのかわからない」とよく言われます。いわゆる頭の中が整理されていないのです。経営者の思考が整理されていない状態で計画を作成しようとしても、納得感のない計画、数字だけの計画、想いのこもっていない計画ができるだけでしょう。

　経営者自身が腹落ちできていないのだから、このような計画書を金融機関に持ち込んで説明したとしても、当然、金融機関に対してボンヤリした話しかできません。

　まず、経営者の思考の整理、情報の整理をすることです。これを適確に行うためのフレームワークとして「7W3H」が最適です。

　Who（誰が）

　Whom（誰に）

　What（何を）

　When（いつ）

　Where（どこで）

　How many（数は）

　How much（いくら）

　How to（どのように）

　Why（なぜ）

　Which 〜 or 〜（どちらを）

　情報を整理するときに、7W3H を意識して質問していくことで、必要な情報を

引き出すことができます。これは経営計画を立案するときに限らず、あらゆるビジネスシーンで有効です。社内外においてコミュニケーションをとるとき、プレゼンテーションを行うとき、セールストークを組み立てるときなど、あらゆる場面で活用できるフレームワークです。

　7W3H のフレームに沿って情報を引き出すことで、SWOT 分析を行うときの情報整理になってきます。経営者の頭の中を深掘りしていくことで、新たな気づきを発見することができたり、思わぬ戦略が生まれるケースがあります。7W3H に沿って考えることを習慣にすると、物事を論理的に考える基礎が身に付いてきます。

　ただし、7W3H を使ったとしても、表面的なことのみ列挙することになった場合、ボンヤリした表現にしかならないことがあるので注意が必要です。中小企業の経営者は、ふだんから言葉にするということに慣れていないことで苦労をするケースがあります。この場合、コミュニケーション技能を教えられるコンサルタントに協力してもらうとよいかも知れません。

　なお、情報を整理するためには質問力が必要です。質問力とは、疑問に思ったこと、不思議に思ったこと、関心があることなどを相手が答えやすいように質問することです。相手が気持ちよく答えやすいコミュニケーションをとるためには、質問のバリエーションが必要となります。ここで 7W3H を活用するとよいでしょう。この技能は特にコンサルタントには必須でしょう。

　一般的に、経営計画を策定していない経営者は、頭の中で情報が整理されていないことが多いようです。やるべきこと、取り組みたいことはなんとなく考えていたとしても、時間軸をもって整理できていないのです。「過去、現在、未来」という時間軸をイメージしながら、7W3H を使って思考の整理を繰り返していくことが必要です。過去の振り返りもなく、未来の理想ばかり書き綴っても絵に描いた餅にしかなりません。

(2) 7W3H はあらゆるビジネスシーンで活用できる

　7W3H はあらゆるビジネスシーンで有効活用できます。その一つが、マーケティングの仕組みを構築する場合です。「誰が、誰に、何を、いつ、どこで、数は、いくらで、単価は、どのようにして」という質問を繰り返しながら、どんどん内容を深めていき、無駄を削ぎ落としていくのです。

コンサルタントの立場でいうと、売上を向上させるための方法、改善策の立案をしていく場合など、経営者が表現できていない心の奥にある答えをいかに言葉として導き出すかです。

　経営者の本音の部分を探り出し、最善の戦略を導き出してこそ、経営者は納得感を得ることができます。

(3) 7W3Hで具体的に深掘りする

　特に、売上高、仕入高、経費の根拠を書き出すときは、

> 数量×単価　How many（数）× How much（いくら）

について繰り返し質問しながら深掘りしていくのです。
　効果的なクロージングは、

> どのように（How to）、なぜ（W hy）、どちら（Which 〜 or 〜）

を活用します。

❶物事を具体化する

　経営計画のアクションプランの作成においては、「いつから、いつまでに」、「何を」、「どのようにして、やろうとしているのですか？」というように、「どのようにして」という問いかけが重要です。

　この落とし込みをかけない限り、いかに行動するのかという具体策につながりません。

　SWOT分析をやっているときには、さまざまなレベルの情報や意見が飛び交います。しかし、論理的にしっかり組み立てられたものは少なく、多くは「○○○ではないだろうか」という感覚的な仮説なので、それは話している本人にしかイメージがありません。そこで、7W3Hで質問しながら具体像を浮かび上がらせていくと、ほかの人にも明確にイメージできるようになります。

❷物事を深掘りする

「Why（なぜ）」を使って落とし込みをかけることができる人は、エンドユーザーとのコミュニケーションにおいても成果を上げることができます。

物事を深掘りしていくときには、「なぜ」「なぜ」「なぜ」質問を繰り返していくとよいでしょう。「なぜそう思うのか」「なぜそうなるのか」「なぜそんなことが言えるのか」といった質問をすることによって、コミュニケーションの内容が深まり、物事の本質が見えてくるようになります。当初は曖昧なことが、徐々に具体的なものになっていくのです。

逆に、「なぜ」の質問に答えられないようであれば、それは個人的感覚的なものであるので、単なる「感想」にすぎないということになります。

❸クロージングに活用する

効果的なクロージングのためには、相手の立場を承認しながらコミュニケーションをとります。7W3H に沿って質問をしていくことで根拠を固めていきます。

最後は「どのように（How to）」「なぜ（Why）」を掘り下げて聞くことによって、言葉にできていない答えを導き出すのです。

クロージングの確率を高めるためには、テストクロージングを行うとよいでしょう。テストクロージングは、ワンクッション置いて「A と B どちらのプランがよろしいですか？（Which ~ or ~）」を使うと効果的です。

❹ SWOT 分析の質が高まる

金融機関や経営コンサルタントが、経営者とともに SWOT 分析に取り組むとき、7W3H を使って質問するようにすれば、SWOT 分析は自然とできるようになります。7W3H をイメージしながら質問を繰り返し、SWOT 分析参加者が腹落ちできるように導いていきます。

相手の表情を見て、シンクロ（相手と同調）できているか、ミラーリング（相手と同じ動きをして好感度を上げること）ができているかを判断しながら、質問していきます。

経営者や参加者から「あなたの言うとおりだ！」という一言をもらえれば、明快な解が生まれ、SWOT 分析自体が盛り上がるようになります。SWOT 分析が盛り上がれば、その後に続く経営計画も前向きなものになっていきます。

2. 財務資料とPESTLE分析をもとに 外部環境の「機会」を考察する

外部環境要因である「機会」を考察するためには、第4章で解説したPESTLE分析と合わせて、財務資料を活用したSWOT分析を行うことによって、具体的な戦略を導き出すことができます。

決算書の財務分析を行うことで、経営者の過去からのクセが見えてきます。お金の管理がいい加減、人の管理が甘いなど、決算書には経営者の性格が表れているものです。

SWOT分析を行う順序は、「機会」 ➡ 「強み」 ➡ 「脅威」 ➡ 「弱み」と進めていきます。

(1) 決算書を活用して SWOT 分析をする

決算書を活用してSWOT分析を行う場合、経営者から預かる財務資料は、「決算書3期分」「36か月分の試算表」「12か月分の資金繰り表」「法人事業概況説明書」です。

❶法人事業概況説明書と月次試算表で会社の「強み」「弱み」を知る

その会社の仮説を立てるとき、「法人事業概況説明書」から読み解きます。毎月の売上高、仕入高、外注費、人件費、月末の社員数などが記載されているので、月次の会社の状況を把握することができます。

その会社の売上や仕入のトレンドを見ながら、季節変動要因が何なのか、これに合わせて毎月の社員数やパート・アルバイトの増減から仮説を立て、その会社の1年間の動向を読み解いていくのです。

「法人事業概況説明書」と「月次の試算表」を合わせて見ていくことで、資金繰りが円滑に回っているのか、閑散期には資金不足になっていないかなどをイメ

ージすることができます。

　次に、『業種別審査事典』を用いて、対立軸である業界の平均値をチェックします。『業種別審査事典』から同じ業種の平均的な財務指標を把握して、自社の「強み」「弱み」をチェックします。業界平均と比較して粗利が低い、棚卸資産が多いなど、自社の分析を行いながら、何に力を入れて「粗利率」を向上させていくのか、何を改善して「2年後に経常利益の黒字化」を目指すのかなど、仮説を立てながら具体的な目標設定をしていきます。

　さらに、「銀行融資の返済予定表」「保険証券」「リース契約書」なども確認できるとよいでしょう。

❷経営に対する考え方がわかる

　製造業、運送業は、固定資産の状況を把握することで、経営者の考え方が見えてきます。機械や車両運搬具など設備の減価償却が終わった後の設備をいつまで所有しているのか、買い替えのサイクルはどうしているのか、などを確認します。

　修繕費の金額が少なければ、メンテナンスをしっかりしている会社であることが想像されます。ふだんから社内の管理体制ができている会社なのか、モノを大切にしている会社なのかという仮説を立てることができます。または、事前に買い替え計画を立てて、故障による修理代がかからないように管理しているのか、減価償却が終わった後の管理体制がとれているので、利益体質がしっかりしているのではないかなど、さまざまなことが決算書から読み取ることができます。

❸財務指標は、ヒト、モノ、カネの視点から判断する

　会社経営を見るとき、「ヒト、モノ、カネ」という視点から会社の傾向を知ることができます。

　ヒトの視点で見るときの勘定科目は、役員報酬、給与手当、アルバイト・パートの給与、法定福利費、福利厚生費、採用教育費、外注費などが挙げられます。特に、人件費として支払っている給与手当、雑給が、外注費と比べて見合った成果を上げることができているのかチェックが必要です。高度な仕事をしていないのに高い給料を払っていたら「弱み」になるし、適正な賃金で仕事を回すことができていれば「強み」になります。

　ヒトに関してチェックする財務指標は、「1人当たりの売上高」「1人当たりの粗利」「売上高総利益」「平均年収」「平均在籍年数」「平均年齢」「労働分配率」

などです。

　例えば、1人当たりの売上高が高ければ「強み」になるかと言えば、決してそうではありません。なぜ1人当たりの売上高が高いのかを検証すべきです。労働分配率が低ければ、なぜ低いのかを検証すべきです。「なぜ？」の理由を把握することで本当の強みかどうかがわかります。

　モノの視点でいうと、販売管理費の使い方がポイントです。販売管理費のうち、売上を上げるための戦略的経費をどのように使っているかで経営者のスタンスがわかります。

　戦略的経費とは、売上を効果的に上げるための経費、投資のような性質を持つ経費のことです。具体的には、広告費、交際費、交通費のことです。この3つの勘定科目の頭文字のKを取って「経費の3K」と言います。その他、支払手数料、販売促進費、ケースによっては地代家賃も含めることがあります。売上が立地に左右される業種は、地代家賃は固定費ではなく変動費と捉えて販売費にするのです。

　カネの視点でいうと、現金預金、借入金、純資産の部の合計、キャッシュフロー、損益など、これらの3期分の数字の流れから「強み」「弱み」の仮説を立てることができます。

　前年対比、業界対比など対立軸をもって相互比較していくことで、経営者は自社の状況をイメージしやすくなります。

　売上を上げるための戦略的経費を明確に理解したうえで、どのように配分するのかを検討しますが、ほとんどの会社はこうした数値分析に取り組むことができていません。決算書から売上を上げるヒントがどこにあるのかを自分なりに仮説構築することで、SWOT分析によって方向性を明確に打ち出すことができるようになります。

(2) 外部環境要因は PESTLE 分析をすれば答えが出る

　考えていることを言葉にすることが難しい経営者の場合、経営コンサルタントが経営者の思考を整理していくことが必要です。

　外部環境要因を分解するときは、PESTLE分析のフレームに当てはめて仮説を立てて取り組むと答えは出しやすいでしょう。

　「機会」を強く追求するためには、PESTLEのシートを作成して、項目に沿っ

て丁寧に分析を行うことです。「機会」を深掘りできないと、SWOT 分析から、さらに SWOT クロス分析を行っても表面的な内容になってしまいます。

　中小企業における「機会」とは、今後プラスに働く業界の動向や市場の変化だけを指すわけではありません。さまざまな市場の中で、あるニッチ市場に、自社にとってその可能性がないかを検証するのです。

　過去3年間の外部環境要因で何があったか、経済的な要因として原油価格、為替相場、トピックスなど、これを年度ごとに情報を整理して「機会」と「脅威」を検証します。

　PESTLE 分析を活用して外部環境を細分化して、「機会」と「脅威」の落とし込みをかけるのです。PESTLE のフレームに沿って、情報を細分化して経営者の思考の整理をしながらコミュニケーションをとっていきます。

　PESTLE のキーワードに合わせてヒアリングしていけば、話題に事欠かなくなるし、経営者がイメージを膨らませやすくなるものです。経営者に関係する情報かどうかは、経営者に確認をとりながら話を進めればよいでしょう。

　PESTLE 分析は一般的に大企業向けの分析ツールと言われていますが、政治や経済、社会、技術、法律、環境などは、いまや中小企業においても大きな影響を受ける要因です。それは、日本の産業構造が大企業 — 中堅企業 — 中小企業 — 零細企業というように階層化されており、中小零細企業といえども大企業のサプライチェーンの中に入っていれば、大企業が影響を受けるであろう外部環境に少なからず影響されるものだからです。

　近年、大企業を中心に「脱炭素」や「SDGs」の動きが活発化していますが、大企業と取引のある中堅企業、中小企業もその流れに従わざるを得なくなるでしょう。「脱炭素」や「SDGs」を推進していくためには、下請企業からの協力が不可欠であるし、それができない下請会社は淘汰されていくことになるかもしれません。世の中の変化は、これまでの数倍の速さで動いているのです。

3. 3期分の決算書で「強み」を考察する

　SWOT分析における「強み」とは、自社における内部環境のプラス要因（長所や得意なこと、技術、品質、システムなど）のことを言います。

　中小企業の経営者に「御社の強みは何ですか？」と尋ねると、ほとんどのケースで「特別に何もない」「うちに強みなんてないよ」という答えが返ってきますが、何年も事業を続けている限り、必ず「強み」はあるはずです。そうでなければ事業を続けてこられなかったはずですから。

　顧客から見たとき、従業員から見たとき、同業他社と比較したとき、自社を観察する視点を変えることで、思わぬ強みを発見することがあります。

　自社の強みは、直近3期分の決算書からも検証することができます。社長が直近3年間でどのように仕事をしてきたかという答えが決算書には表れているものです。

　経営資源を投入していかに成果を出してきたのか、財務資料を検証することで答えを明確に導き出すことができます。当然、財務資料は多いほど精度は高くなります。

　決算書は、過去の振り返りの道具であり、仮説を検証するときの土台になります。過去からの延長線上に未来があるということではなく、過去を振り返ることで未来をいかに創造するのかを思考していくために決算書の傾向を知るのです。決算書をおろそかにしている経営者は、3年後、5年後に向けて適確な戦略を立てることができません。

　まずは、決算書の財務分析をして、同業他社の平均値と比較しながら、会社の強み、弱みの仮説構築がどこまでできるかでSWOT分析の出来栄えが決まってきます。

(1)「強み」は損益計算書の「売上高総利益率」から見る

　同業他社と比較して売上高総利益率が高い会社は、付加価値の高い仕事、付加価値の高いサービスの提供ができています。他社と何らかの差別化を図っていると考えられます。高付加価値化、差別化とは、同業他社から見て真似できない、真似しづらいということです。

　さらに、「売上高営業利益率」「売上高経常利益率」を見ます。経営者の長年の数字への認識の甘さは、貸借対照表における債務超過として表れ、2期連続の営業赤字の会社ともなれば事業の継続が危ぶまれます。決算書を見れば、経営者の意思決定のクセが勘定科目の細部に表れています。

　自社の強みを言葉にできる経営者が少ないことを考えると、財務の専門家と自社の経営分析に取り組むことも視野に入れるとよいでしょう。経営コンサルタントが取り組む場合、内部環境においては、経営者に対して7W3Hを使って徹底的に質問していきます。それによって、「強み」「弱み」の明確な答えを導き出すことができます。社内のことは、経営者から聞き出すことが鉄則です。

　そして、利益を出したとき、どのような自助努力、仕掛けをして売上を向上させたのかを確認します。これが「強み」です。

　経営コンサルタントは、売上の要因をどこまで聞けるかです。これですべてが決まると言っても過言ではありません。売上の根拠について経営者と会話ができない会計事務所やコンサルタントは必要とされないでしょう。

(2)「弱み」を弱みにしない

　会社の1年間の売上実績のトレンドをつかむことができれば、「弱み」を「強み」にはできないまでも、弱みにしないことも可能です。

　年間を通して商品、サービスの売れる時期、売れない時期を見定めます。会社の売上のサイクルを把握して、売上が上がる2〜3か月前に仕入が発生すると予測される場合、その時期の試算表と法人事業概況説明書から、資金繰りの状況がどうなっているのかを見ます。そこでお金が回っているのか回っていないのか、お金が回っていないとしたら、お金を借りるタイミングをどのように判断するのか、会社の資金繰りにおける状況の仮説を立てるのです。仮説を立てて事前に資

金対策を行うことができれば、「弱み」は弱みでなくなるのです。

　また、会社で取り扱う商品の特性をつかむことも必要です。例えば、アイスクリームと氷菓子では売れるタイミングが違います。アイスクリームは夏に限らず寒い季節も一定の売上が上がるが、氷菓子の売上は夏の暑い時期に集中します。気温によって、季節によって、出荷量が違います。業種や取り扱う商品によって、売れる時期、売れない時期があります。このトレンドを読み解くのです。

(3) 経営者こそ会社の「強み」である

　会社の強みとは、ある意味経営者自身です。トップである経営者の頭の中を分解していくと「強み」が見えてきます。

　会社の売上は誰が上げているかというと、経営者が指示命令して、従業員がその業務を遂行して売上を上げていきます。会社の強みとは、トップである経営者の指示命令が寸分違わず現場に伝わり、それを実行できているかどうかであることは言うまでもありません。

　ここで大切なのが組織図です。中小企業における組織図とは、表面的な社長、専務、部長……といった役職を表したものではなく、誰が、何に責任を持って、何の業務を担当するのかを表したものです。すべての社員が何らかの責任者であることを自覚した組織であるべきです。組織図がなければ作成することをお勧めします。これは社内にも有効な資料です。

　次に、業務フロー表を作成します。業務フロー表で仕事の流れをチェックしながら、社内管理体制を構築するのです。継続的に会社を成長させていくためには、社内管理体制が整っているかどうかがポイントです。

　万一、会社が赤字であれば、赤字の原因を探るために組織図を作ります。代表者がいて、管理職がいて、各部門に社員が何人かいます。そして、従業員名簿と賃金台帳から労働生産性を見ます。さらに、1人当たりの売上高、労働分配率、平均賃金を計算します。また、組織図には各人の役割や年収、年齢を1人1人記入します。

4. 決算書を見れば 「弱み」「脅威」がわかる

　「強み」を言葉にしようとすると時間がかかる経営者も、逆に「弱み」を尋ねるとスラスラと言葉にできることが多いようです。常に自社の問題と向き合いながら課題解決のために頭を悩ませているからでしょう。「弱み」は「強み」の裏返しです。強みと同様に顧客、競合他社、社員という視点から自社の姿を検証します。

（1）「弱み」と「脅威」は違う要素である

　「弱み」と「脅威」は混同されがちです。弱みは内部環境要因であり、自社の努力で克服できることですが、脅威は外部環境要因であり、自社の努力ではどうしようもないことです。

　数字は正直です。決算書を見れば、経営状況の良し悪しは判断できます。財務の視点から見れば、「弱み」「脅威」を把握することは容易にできます。このことを通して、経営者は数字と素直に向き合うことです。

　決算書の営業利益が2期連続で赤字であれば、経営管理ができていないという「弱み」になります。原因として、商品力が弱いのか、人材が弱いのか、組織力が弱いのか……。扱っている商品が弱いのであればどうにかできます。ただし、人材が弱い場合には、改善するのに時間がかかると考えるべきでしょう。

　2期連続で営業赤字の場合は、会社として重篤です。経営者に改善の意思があるのか、売上を増やして経費を減らそうという行動ができているのか、経営者の経営と向き合う姿勢が問われます。

(2) 中小企業に赤字経営が多いのはなぜか

　中小企業はなぜ赤字経営が多いのでしょうか。中小企業の一番の根幹であり、本質的な問題です。

　その理由としては、中小企業の経営者がほとんど経営計画を立てていないことが挙げられます。経営者に理念と計画性がなく、計画がないのだから行き当たりばったりの判断と行動にしかならないのです。また、経営計画を立てている場合でも、経営計画に沿った行動ができておらず、PDCAが回せていない会社が多いのです。

❶中小企業の弱み＝経理体制ができていない

　直近の試算表と資金繰り表を合わせながら、SWOT分析の仮説を立てることができるようになると、経営がぶれなくなります。SWOT分析は正解を求めることにこだわるのではなく、あくまで仮説を立てるのです。仮説だから間違っていてもよいのです。

　特に、経営改善が必要なフェーズであれば、時間をかけている猶予はないので、仮説を立てたら素早く行動に移して検証します。スピード感が命です。

　中小企業の9割は経理体制ができていません。経理体制ができていない会社の特徴は、翌月10日～15日までに会計事務所から試算表が出てきていません。試算表は遅くても翌月10日～15日までに出てこなければ用を成しません。アウトです。資金繰り表は翌月1日までに必要です。現金の残高は、翌月1日には把握できるようにします。これができていれば「強み」であり、できていなければ「弱み」です。

　銀行取引にも中小企業の弱みが表れます。経理体制の構築に関心がない経営者は、銀行から言われるがままの取引になっています。

　運転資金の借入金が、長期借入金で4本以上あったら要注意です。運転資金目的で借り入れた長期借入金の管理ができていないので、どこにお金を使ったのかわからなくなっています。お金の管理ができていないのだから、資金繰りに困るようになるのは当然です。

　経理体制の構築が確立されていないと、タイムリーな経営の振り返りをすることができません。数か月経過してから試算表ができても、打ち手である改善策が

後手後手になるのは火を見るよりも明らかです。「もう〇か月早くわかっていたらできていたのに……」という事象が発生したりします。経理体制には、中小企業のあらゆる弱みが内在されているのです。

❷「役員貸付金」と「役員借入金」

決算書の勘定科目に「役員借入金」がある会社は、経営者が会社に愛情をもって経営している証しです。しかし、経営者が会社からお金を借りている「役員貸付金」や多額の「仮払金」がある場合は、その逆と見るべきです。

会社の車にベントレーやマクラーレン、ポルシェなどの高級外車があり、しかも経営者が個人で使っているケースがあります。私利私欲で会社を私物化しているのではないかと思われても仕方がないでしょう。

私物化していても高い税金を納めている、従業員に高い給料を払っている、利益が出る仕組みを作っているというのであればまだしも、それもできていないのに、やりたい放題の貸付金があるのであれば問題です。

(3) 顧客からのクレームの中に「弱み」がある

弱みのチェックポイントで一番大事なことは、「顧客からのクレームの中で多い事項は何か？」ということです。

この場合、経営者と現場の社員の双方からヒアリングをする機会を作ることが重要です。それぞれ違う立場の人から話を聞くことで、異なる問題点が見えてきます。

経営者が言っていることと従業員が言っていることが違うことがあります。そこに意外な改善点があって、気づきとなるケースがあります。経営者と従業員、お互いが事実に対して謙虚に向き合うことができるかということが大切です。

顧客からのクレームは、多くの場合「弱み」として捉えるべきですが、じつはクレームの中には、顧客のニーズが内在されていて、これを改善していけば「強み」に転換できるのです。これは後述する「改善戦略」として戦略構築する要素になりえます。

5. 強み×機会の「積極戦略」で会社の方向性とリソースを集中させる

(1) 中小企業の戦略は「積極戦略」の一点突破しかない

　「積極戦略」は、自社の内部要因である「強み」と、外部環境要因である「機会」を活かす方法を考えるときに抽出されるものです。積極的に事業の成長を目指すときに選択する戦略です。

　中小企業においては、強みと機会を掛け合わせた積極戦略で行かない限り、狙った市場で勝つことはできません。すべての経営資源を投入して集中するしか中小企業が生きる道はないのです。

　大企業はいろんな選択肢から選べます。例えば、自社の「弱み」と外部環境の「脅威」による「縮小撤退戦略」を選択することができます。大企業は撤退戦略を選択することで経営改善ができるのです。その理由は、大企業にあって中小企業にないもの、お金と余剰の人材が大きな違いです。大企業は縮小撤退戦略を実行しているときにリストラをすれば、一時的に収益は赤字になりますが、それ一発で改善できるのです。これこそ大企業の強みです。

　後述しますが、中小企業は現実的にはなかなか縮小撤退戦略を選ぶことができません。撤退したら死んでしまうからです。中小企業は前に行くしか道がありません。ゆえに「積極戦略」をとるのです。

(2)「積極戦略」は可能性の追求である

　積極戦略を導き出すとき、内部要因の「強み」と外部環境要因の「機会」で出てきた事柄の具体的な固有名詞にこだわり、複数の商材を掘り下げてみます。これは可能性の追求です。そうすることによって独自戦略を思考していくのですが、いかに掘り下げて、具体的な表現にできるかがポイントです。

■ SWOT クロス分析　積極戦略抽出のイメージ

	強み（Strength）	弱み（Weakness）
内部要因	「機会」に使える「強み」となる具体的な経営資源（ノウハウ、人材、機能、設備、外部ネットワーク、システム等） A．＋＋＋ B．＊＊＊ C．－－－	悪い点ではなく、せっかくの「機会」があっても、自社の経営資源がなく、それを取りに行けないので何とか克服しなければならない具体的な不足部分

外部環境	機会（Opportunities）	【機会】×【強み】＝【積極戦略】	【機会】×【弱み】＝【改善戦略】
	ニッチ市場、ニッチニーズの可能性や今後の伸びしろ、新たなニーズ等 1．○○○ 2．△△△ 3．□□□	戦略①　1×A・B 戦略②　2×A 戦略③　2・3×B・C ● 即実行する戦略や具体策 ● 重点方針や突破口になる戦略 ● 人員も費用もかけて取り組む戦略	● 市場攻略のネックになっている「弱み」克服まで複数年かける戦略や具体策 ● 「弱み」克服のため、自社だけでムリなら、コラボや提携の戦略
	脅威（Threat）	【脅威】×【強み】＝【差別化戦略】	【脅威】×【弱み】＝【撤退縮小戦略】
	自社の努力ではどうしようもない、市場環境の悪化、競合激化、行政等からの制限など	● じり貧市場でも他社のシェアを奪い圧倒的ナンバーワンになる戦略 ● ライバルがお手上げになるまでの我慢戦略 ● 「強み」があっても「撤退する」	● その市場からの撤退、リストラ型の戦略の意思決定 ● やめる商品、やめる顧客の具体策 ● 事業仕分け、戦略の絞り込み

　強みと機会の掛け合わせから、さまざまな戦略や戦術、アイデアを出していくとき、大事なことは戦略として表現する「固有名詞」です。適確な表現にするためには、先述の 7W3H を使って表現に幅と具体性を持たせます。
　積極戦略を考えるとき、図のように、機会の 1 と強みの A と B を掛け合わせ

た戦略①もあれば、機会の2と強みのAを掛け合わせた戦略②も考えられます。または、機会の2・3と強みのB・Cで戦略③を抽出するなど、多面的に検討していきます。

いろいろな可能性を追求しながら戦略を具体的にしていきます。形にこだわらずに考え方に幅を持たせるとよいでしょう。

言葉で表現できなければ行動に移すことはできません。タラレバ（〜であったら、〜であれば）を多用して、多種多様な可能性を追求するのです。

「即実行する戦略や具体策」「重点方針や突破口になる戦略」「人員も費用もかけて取り組む戦略」ということにポイントを置きながら積極戦略を立案していくとよいでしょう。

（3）積極戦略は事業計画のアクションプランになる

通常、中小企業において「強み」を見出すのはなかなか困難です。したがって、SWOT分析においては、無理にでもなんとか強みをあぶり出すことができるかがポイントになります。そのとき、外部環境要因である「機会」のヒアリングができないと先に進みません。いろんな機会の提示があって、それに自社のどんな経営資源が使えるかのイメージができないと、具体的な強みが出てこないのです。

そのためには、第4章で解説したPESTLE分析のフレームを準備して、外部環境要因の変化によって、どんな「機会」が出てくるかを挙げていくことです。

経営計画は、強みと機会をかけた「積極戦略」をメインで作っていきます。そこで、決算書3期分と36か月分の試算表から、過去のトレンドを読み解きます。季節変動要因、業種の特徴などを把握していきながら、出てきた各々のフレーズを、言葉で結び付けていきます。このときにタラレバを活用して仮説を立てるのです。積極戦略が多いほど、取り組める事業戦略・戦術が多くなります。

また、あぶり出された戦略・戦術が具体的なものであればあるほど、それは経営計画にそのまま転記され、具体的なアクションプランとして活用することができます。つまり、ここでも7W3Hで具体的に表現していくのです。

ヒット商品を出している会社は、日々の業務の中でSWOT分析をやっているものです。頭の中でパッと閃くのは、ふだんから繰り返し考え抜いているからです。これは、日頃から頭の中でSWOT分析を繰り返しているのと同じです。

6. 弱み×機会の「改善戦略」は過去の決算書から紐解く

(1) 改善戦略には時間が必要

　「改善戦略」は、外部環境要因の「機会」を捉えるために、自社の「弱み」を補強するための対策を考えます。しかし現実には、「機会」と「弱み」をかけた改善戦略は時間と資金がないとできません。

　なぜかというと、会社を改善していくのはおおよそ人の問題であり、この問題を解決するには時間がかかるからです。手元に資金があれば時間にも余裕を持つことができます。しかし、資金的に余裕のある中小企業は少ないのが実態です。ゆえに改善計画に時間を割けないという現実があるのです。

　改善戦略は、時間をかけていかなる選択をするかがポイントです。例えば、会社は赤字だが、コロナ融資で借り入れた資金が残っている会社は時間に猶予があるので、1年、2年かけて人材を採用して、社員の平均年齢を下げていくという戦略を選択することができます。または、人件費にメスを入れて改善を目指すケースでは、人件費を無理やり削減するのではなく、時間をかけてテクノロジカルと言われている技術的な面で AI 化や IT 化を進めるという戦略もあります。飲食店など、夜遅くまで残業をする職場では、採用募集しても人が来ないから、お金をかけて券売機や食洗器を設置するという戦略も考えられます。

(2) 改善戦略の課題は人材である

　改善戦略は、チャンスがあり、可能性がある市場なのに、自社の弱みがネックになり、積極戦略を打ち出せないから、時間をかけてその弱みを克服する戦略です。大抵の場合、問題は人です。

　一番の弱みは、経営者自身にあるということも言えます。経営者自身が自己管

理できていないがゆえに、社内のマネジメントがうまくいかず、社員の離職率が高いというケースを散見します。

　改善のためには、時間をかけながらいかなる手段を講ずるのか、売上と利益を回復させるためにいかに時間を活用するのか、悩ましい選択ですが、戦略的思考による選択が必要です。

(3) 改善のための解決策は決算書にある

　改善戦略は、決算書を見るとその答えが出ています。会社が赤字であれば、単純に赤字の原因が弱みです。赤字の原因は経営者に聞けばよいでしょう。

　経営コンサルタントが過去の決算書から経営状況を紐解いていくとき、「どのようにして売上を上げていたのですか？」「顧客単価はいくらで考えていたのですか？」など、売上、仕入、人件費の内容を聞いていきます。経費の使い方を深掘りしていくのです。

　お金の管理、使い方を聞いていくとおよそ問題点が浮き彫りになってきます。売掛金で未回収先がないか、棚卸資産（在庫）の管理はどのようにしているのか、定期的にチェックしているのか、売掛金の回収サイトと買掛金の支払サイトはどのようになっているのか、など管理体制を尋ねてみます。

　赤字の会社はほぼ管理体制ができていないし、経営者にその意識が低いというケースが多いものです。

　決算書には、経営者が行動してきた足跡が記されています。見事に経営者の考え方が表れています。したがって、決算書が読み解けるようになったら、問題解決ができるようになります。

　経営者は、素直に決算書の実態と向き合えるかどうか、それが改善戦略の第一歩です。

7. 弱み×脅威 =「縮小撤退戦略」でやらないことを決める

(1) 中小企業は、縮小撤退戦略を選択してはならない

　縮小撤退戦略は、自社の「弱み」を把握して、外部環境の「脅威」による影響を最小限に留めるための戦略です。脅威の大きさによっては事業の撤退も検討しなければならない場合もあります。

　しかしながら、中小企業においては、経営戦略を立案するうえで弱みと脅威を掛け合わせた「縮小撤退戦略」は原則選択しないと考えるべきです。前述したように、中小企業がこの戦略を選択したら死んでしまいます。

　売上を伸ばす「積極戦略」があるのであれば、これに経営資源を集中し、「縮小撤退戦略」は時間的な余裕ができたときにすればよいのです。この逆をやると、積極戦略の効果が出る前に会社自体に勢いがなくなってしまいます。前進するのであれば、何としても積極戦略を第一に選択するべきです。

(2) 中小企業経営者が縮小撤退戦略を選ぶのはなぜか

　なぜ、中小経営者は縮小撤退戦略を先に選ぶのでしょうか？　その答えは、SWOT 分析をやっていないからです。自社の分析ができていないから、何を優先すべきなのかわかりません。思考の整理ができていないのです。縮小撤退戦略を選択した場合、自社がどうなるのかイメージできないのです。

　例えば、売上が下がって、部門別で赤字になっている要因を見つけたときに、売上を確保しなければいけないと考えます。粗利がわずかしかないのに、赤字部門の売上を上げようとします。そのために経営資源も使います。今、会社が生き残るためにはその部門に注力するのではなく、他の部門に注力すべきなのに、優先順位を付けられないのです。そして、長年取り組んできた事業だから、今まで

多額の資金を投じてきた事業だからという理由づけをします。

　経営資源の投入は積極戦略にすべきであって、いずれ縮小撤退する事業に時間
も費用もかけてはいけません。

（3）縮小撤退戦略は時間がかかる

　SWOT クロス分析における縮小撤退戦略は、「会社が生き残るために身を削っ
て取り組む戦略」という位置付けです。「身を削って取り組む」ために何が必要
かというと、時間です。

　まず、決算書の状態を見て、お金を借りることができるかどうか。次に、月商
3か月分の融資枠が残っているかどうか。3か月分の運転資金を借りることがで
きる状態であれば、縮小撤退戦略に着手しても問題はないでしょう。

　縮小撤退戦略では、

> ⅰ　顧客エリア、チャネル、ルートの選別
> ⅱ　利益が出ない部門はやめる
> ⅲ　商品を選別する
> ⅳ　可能性のある戦略へ集中する
> ⅴ　事業戦略の仕分けと絞り込みを行う
> ⅵ　原価コストの見直しを行う

などが挙げられます。

　どの戦略も成果が出るまでに時間がかかります。手元資金で行うのか、今借り
ているコロナ融資で行うのか、月商3か月分の借入金を充当して復活できる可能
性があるかどうかを検証します。

　最終的には従業員のリストラという選択がありますが、これも時間がかかるこ
とです。

（4）縮小撤退戦略は一時的にコストが発生する

　例えば、支店を統廃合したり、支社を撤収する場合、従業員の配転や退職にと
もなうコストが発生します。賃貸で借りているオフィスや作業場の返還の際には、

現状回復のための工事費などのコストも発生します。

　ある事業そのものから撤退する場合も、さまざまなコストが一時的に発生し、短期的に資金繰りが悪化することも覚悟しなければなりません。

　したがって、縮小撤退戦略を計画する場合には、それらの費用も計画しておかなくてはならないのです。

（5）縮小撤退戦略、銀行はあまり評価しない

　改善戦略、差別化戦略、縮小撤退戦略については、経営コンサルタントが介在して経営改善計画書を作成したほうが早いでしょう。なぜなら、経営者が思考を整理しきれず、計画が的外れな内容になってしまうと、銀行に経営計画を出したときにボロが出るケースが多いからです。

　銀行に対して、SWOT クロス分析をした結果によって縮小撤退戦略がたくさんあると、例えば返済のリスケジュール（返済を止める）を申し込む際に、「役員報酬を思いきり下げてください。従業員を解雇してください。経費は徹底的に切り詰めてください」と言われることがあります。そうなると、経営改善計画書で組み立てた事業戦略が経営者の思惑とは裏腹に別の解釈をされ、銀行の思うツボになってしまいます。

　銀行に対しては「一点突破の積極戦略でいくので、返済を止めると同時に、追加融資をしてほしい」というぐらいの計画書を作らなければ、説得性がありません。

　中小企業は、積極戦略を決定したら、当面、縮小撤退戦略は考えなくてよいでしょう。だが、いざ縮小撤退戦略に着手するなら、過去の栄光にしがみつくのではなく、「見切りをつける」経営判断も重要な決断です。

8. 強み×脅威＝「差別化戦略」は 3つの戦略から判断する

　SWOT分析の考え方は単純です。内部要因の「強み」「弱み」と、外部環境の「機会」「脅威」を掛け合わせ、多種多様な組み合わせから、「積極戦略」「改善戦略」「差別化戦略」「縮小撤退戦略」をあぶり出し、仮説による戦略を構築することです。

　「差別化戦略」においては、業界や市場における「脅威」を把握して、いかに自社の「強み」を生かした戦略を立案できるかがポイントです。自社の強みをもって同業他社に対する差別化戦略を見出すことです。

　差別化戦略は大きく分けて3つの選択肢があります。

(1) 残存者利益

　マーケットがきびしい状況であれば、同業者が先に縮小撤退するかもしれません。資金力があれば、他社が手を引くまで我慢して事業を続け、残存者利益を取りにいきます。

　市場から撤退する会社はあるが、参入する会社がないのであれば、マーケットは小さくても1社独占することができ、価格競争もなく、大きな利益を得ることも可能です。

(2) ナンバーワン戦略

　マーケット自体は厳しくても、市場における自社の占有率が高いのであれば、提携やM&A（企業の吸収合併）を通じて、圧倒的なナンバーワンを取りにいくことができます。逆に、売る側は会社を売却することで社員の雇用を守ることができることなどから、都合がよいと考えるのです。

これは、同業者仲間のコミュニケーションがとれていればよくあることです。今後は、後継者不足になることから、事業承継もからめたケースが増えてきます。

(3) M＆A

自社の強みがあっても縮小撤退戦略をとります。どんなに頑張っても将来の収益の可能性がないのであれば、早期に撤退、売却の決断をします。事業がまだ収益を生んでいるのであれば、M＆A も有利な条件にすることができます。

差別化戦略は、「強み」をベースに「脅威」を克服するために、時間と費用がかかります。同業者またはその事業を M＆A で買収するのであれば、銀行からお金を借りてマーケットシェアを取りに行きます。

差別化戦略は資金がないとできない戦略です。資金があると時間に余裕を持つことができ、市場調査や交渉に時間をかけて取り組むことができ、有利な条件を見出すことができるでしょう。

(4) 差別化戦略と提携、M＆A

今、日本の産業界で最大の課題は、中小企業の事業承継と言われています。なかなか事業承継が進まず、高齢経営者が多いのです。「自分の代で廃業するつもり」という中小企業が 52％、半数以上にものぼります（中小企業庁調査）。アンケートどおりの結果になるなら、日本の中小企業の半数は「廃業」してしまいます。

なぜ「廃業」なのかは、そのまま事業承継の問題にからんできます。業績が悪く、子息や幹部社員に事業承継できない会社が多いということです。

会社には素晴らしい商品や技術があるにもかかわらず、それが市場に受け入れられていない、あるいは販売の仕方が悪く、市場に知られていないなど、「いいモノはあるのに経営は厳しい」会社が多いのです。

こうしたケースでは、強み（製品、技術）×脅威（市場）の「差別化戦略」が考えられますが、具体的には自社が持っている製品や技術（強み）を市場に強い同業他社に販売してもらったり、その逆に、商品力はないが市場には強い会社を買収する戦略もあります。

このように差別化戦略に提携や M＆A を活用することは、自社の強みを活かして、新たな形で生き残りを図る重要な選択肢です。

9. 売上と原価、粗利は部門別に表記する

(1) 部門別表記の意味するもの

　決算書の売上高、原価、売上総利益は、すべて部門別に表記するとよいでしょう。売上高を部門別に表記している決算書は散見しますが、原価を部門別に表記している決算書は少ないものです。さらに、売上総利益まで部門別にしているケースは極めて少ないものです。

　銀行との関係において、自社の経営状況を見やすくするという観点では、部門別の表記は大きなプラスの効果があります。部門別に表記するだけで銀行融資が通る可能性は2、3割アップするでしょう。事業性を見るのにこれだけわかりやすい工夫はありません。

　部門別表記は、経営者が経営判断をするための情報として重要であることは言うまでもありません。しかし、会計事務所に部門別の表記にしてほしいと相談しても、嫌がるケースがあるのも事実です。直接税務申告に必要な項目ではないので、単に面倒くさいからです。

　例えば、売上高5億円の会社があったとします。原価が3億円、売上高から原価を差し引いたら売上総利益（粗利）は2億円です。例えば、次ページに掲載しているイ社のような、ただ売上高、原価、売上総利益の数字だけが並んでいる決算書では、会社の事業内容はわかりにくいでしょう。そこで、決算書をロ社のように部門別にしたらどうでしょうか。

❶経営判断がしやすくなる

　ロ社の決算書は、部門別の粗利率が一目瞭然です。A部門33.3％、B部門35％、C部門70％。売上高でいうとA部門が一番ですが、粗利率でいうとC部門が優れています。

	イ社		ロ社
売上高	6億円	➡	A部門　3億円 B部門　2億円 C部門　1億円
原価	3億円	➡	A部門　2億円 B部門　0.7億円 C部門　0.3億円
売上総利益 （粗利）	3億円	➡	A部門　1億円（粗利率33.3%） B部門　1.3億円（粗利率35%） C部門　0.7億円（粗利率70%）

　今後の経営戦略を練るときに、売上高が一番のA部門に力を入れるのか、粗利率が一番のC部門に力を入れるのか、数字を根拠として経営判断がしやすくなるでしょう。

　粗利まで部門別管理ができている会社は、経営管理体制がとれていると言えます。経営管理体制がとれている会社は経営判断もしやすくなるのです。当然、ロ社のような経営管理体制がとれている会社は赤字になりにくいし、収益の管理ができているので、必然的に粗利率が業界平均値より3〜5%高いケースが多いのです。

❷経費は固定費と変動費に分ける

　部門別で分けるときに、製造業、建設業、運送業など現場にかかる経費がある業種は、変動費（仕入高、材料費など売上高によって変わる費用）と固定費（人件費や地代家賃など売上高に関わらず変わらない費用）に分けて管理をする「変動損益計算書」を作成します。

　経費を変動費と固定費で分けて管理することで、利益を上げるために必要な売上高（限界利益＝売上高−変動費）を把握することができ、固定費を明確にすることで資金繰りの管理がしやすくなります。変動損益計算書は、さまざまな経営判断に有効なので、ぜひ作成をお勧めします。

（2）経理体制の構築をするときに、勘定科目を再設定する

　売上、原価、粗利を部門別にするとき、勘定科目を再設定することをお勧めします。銀行員が見たときにわかりやすい表示にするのです。

　そうすることで、銀行は、部門別管理においてA部門、B部門、C部門の今後の方向性、戦略性を教えてほしいと聞いてきます。銀行から見たときにわかりやすい経営計画や決算書を作成するというのは、資金調達を考えたときに重要なポイントになります。

　また、勘定科目の再設定、勘定科目を一元化するためには、会計事務所との連携が大切です。特に初めて経営計画の策定をする場合は、会計事務所の作成する疎明資料とコンサルタントが作成する疎明資料の勘定科目に違いがないよう注意する必要があります。

　2年目以降は、決算前2、3か月前から着地予想を立てながらヒアリングを行い、翌年の経営計画に沿って行動していけばよいでしょう。初年度は習慣化するのに努力が必要ですが、翌年以降は徐々に形ができてくると、スムーズにPDCAを回しやすくなるはずです。

第 **7** 章

経営計画書の作成後
に取り組むこと

1. 作成した経営計画書は内外に示す

(1) 経営計画書を「見える化」する

　作成した経営計画書は、金融機関や取引先へ示すと同時に社内でも共有します。ところで、自社の経営計画を知っている従業員はどの程度いるでしょうか？　大企業ならば経営計画を一般公開しているケースもありますが、中小企業では社長や管理職止まりで、社員一人ひとりまでは届いていないものです。

　経営とは、「ヒト」「モノ」「カネ」「情報」などの経営資源を効率よく使って成果（利益）を出すものです。社員がバラバラに仕事をしていては、充分な成果を生み出すことはできません。また、経営計画を実行するには、全社員の協力なくして成し得ないものです。経営計画を計画どおり実行するためには、「経営計画の見える化」が欠かせないでしょう。

　社長が経営計画書をもとに経営の意思決定を行い、社員がその意思決定に従い一丸となって業務を遂行しなければ、企業は独自の付加価値を生み出しながら成長することなど不可能です。

(2) 経営計画書はコミュニケーションツール

　経営計画書は外部に示すもので、主に銀行に対して今後の事業の方向性や、融資の返済可能性について説明するための資料として捉えている経営者も多いことでしょう。

　しかし、よく考えてみてください。社長が自らの将来を明示せずに社員はどうして自らの未来を考えることができるでしょうか。社員の不安は、企業の将来性の不明確にあることを忘れてはなりません。この不安を取り除くことこそ社長の責任です。

　社長自ら経営計画書を作成し、社内で共有することで企業の行く末を明示し、企業の将来性に対する不安を解消します。その結果、社員は社長を信頼し、その企業で働く意義を見出すことでしょう。人手不足が深刻化している昨今において、企業内で不足しているのは、このような社長と社員の企業の将来に対するコミュニケーションではないでしょうか。

　どうすれば利益が残るのか？　目標を達成するにはどうすればいいのか？　このようなことを社員と共に考えるには、経営計画書が必須です。経営計画書の内容を共有して、社長自身の想いや考えを社員と共有してこそ、真の全員参画経営が生まれ、その結果、業績はみるみる向上していくことでしょう。

(3) 社内での共有と外部への提示

　経営計画書の社内での共有は、企業の方向性を一致させ、全社員が一丸となって目標に取り組む基盤を築く重要なプロセスであることは前述したとおりです。

　その共有方法には、定期的に全社員を対象としたミーティングでの詳細な説明や、社内ポータルサイトへの掲載で情報へのアクセスを容易にする方法などが挙げられます。さらに、部署ごとのブリーフィングを行うことで、各部署の特性に応じた具体的な方針を共有することも効果的でしょう。

　一方、経営計画書を外部のステークホルダーに示すことは、金融機関や取引先との信頼関係の構築と事業の透明性の確保につながります。

　金融機関に対しては、経営計画書をもとにしたプレゼンテーションを行い、事業の健全性や有望性を説明します。

　出資者が存在するなら、出資者に対し定期的な説明会を開催し、事業戦略や成長戦略を明示するとよいでしょう。また、事業提携先との関係強化のために、経営計画書を共有し、共通の目標に向かって連携を深化する取り組みも重要となります。

　これらの方法により、社内外での経営計画書の共有と理解を深め、経営の透明性と効果を高めることができるでしょう。

2. 真実の経営計画書をもとに 銀行と交渉する

(1) 想いの強さだけでは検討もされない

　計画性のある社長と計画性のない社長、あなたならどちらに融資しますか？銀行融資となると難しく考えがちですが、本質は個人間のお金の貸し借りと大差ないことは、第2章で解説したとおりです。

　借りようとする人が計画性をもって、「どうしても仕事で必要なモノがあり、手持ち資金だけでは工面できない」「来月の給料から3か月にわたり返済する」「もしもの場合はお小遣いはお昼代だけでよい」などと具体的に答えられれば、貸すかどうかは別として、検討はしてくれるでしょう。

　しかし、これらの質問に対して曖昧かつ、これまでの返済も予定どおりになされることもなかったとするとどうでしょうか。きっとあなたはていねいに断るでしょう。

　銀行融資は「使途」「財源」「保全」がベースです。すなわち、何に使うのか＝資金使途、どのようにして返済するのか＝返済原資、返済できない場合どうするのか＝担保や連帯保証、保証協会の枠などを審査します。

　このように融資を行うかどうかは企業の業績はもちろんのことですが、社長の人間性、そして計画性を見られます。社長の感情、想いだけで説明されても、銀行員は判断できないのです。

　銀行員が欲しているのは想いの強さではなく、内容の論理性や数字で説明されることであり、それこそが融資したお金が返済されるかどうかを判断できる最良の情報なのです。

　「真実の経営計画書」がその際に最も重要な資料になるのは言うまでもありません。お金を貸そうとする人（銀行）は、お金を借りようとする人（企業経営者）の真実性を確かめたいのです。

(2) なぜ銀行は経営計画書を欲しがるのか

　社長の想いと数字を返済の可否が判断できる資料として表現されるものこそ「真実の経営計画書」です。

　融資の返済は、過去の利益からではなく、将来の利益から捻出されます。その将来の利益をどうやって作っていくかが経営計画書に書かれることになります。

　経営計画書により、社長は今、何を考えているのか、将来の利益を作っていくためにどう行動しようとしているのかがわかります。また、そうした内容が盛り込まれていなければなりません。

　そして、資金繰りはどうなっているのかを伝えることにより将来の融資の返済が順調に行われることを予測できれば、融資は行いやすくなります。また、経営計画書に将来の融資予定を盛り込んでおくことにより、銀行は事前に融資審査の準備をしておくことができます。

　銀行では稟議書によって融資審査が行われます。その際に、融資を実行することを納得させる資料をいかに添付しておけるかが大事ですが、経営計画書はその資料の筆頭となるものです。

　銀行においては、企業から融資の申込みを受けた担当者が稟議書を作成し、それが支店内で回覧され、最終的に支店長が、融資を出すかどうか、金額や返済期間、金利などの条件を決裁するものです。

　また、その企業への融資総額が一定額を超えるなど、支店長の決裁権限がない場合は、支店長を通過した後、審査部など本部に稟議書が回され、そこで決裁されることになります。融資が通るかどうかは、稟議書の内容が支店長や本部の部長に融資をしたいと納得させられるものであるかどうかによります。

　そうであれば、稟議書を書く担当の銀行員に、融資審査を通せるような稟議書を書いてもらえばよいことになります。稟議書はすべて書面により回覧されます。いくら担当の銀行員に「うちの企業は、こういう技術を持っていて、その技術はこれだけの売上を将来もたらしてくれるだろう」というようなことを伝えても、その内容が担当者以外の銀行員に伝わるわけではありません。

　したがって、経営計画等を書面でアピールすることは、稟議書が回覧されるすべての銀行員に対し計画内容を印象付け、融資審査を通しやすくするために重要なテクニックと言えるのです。

3. 銀行に進捗状況の報告を
   必ず行う

（1）融資担当者は企業からの情報提供を欲している

　前述のように融資審査にあたって銀行員は稟議書を作成します。その際、企業から提出される資料を使用します。勘違いしてはならないのは、銀行員は融資に後ろ向きなのではなく、基本的に企業に融資をしたいと考えているということです。そのため、支店長や本部などの決裁者を納得させるだけの稟議書を書きますが、企業から積極的に資料が提出されるのはとても助かるものです。

　また、銀行は情報開示に消極的な企業を嫌がるものです。そうであれば積極的情報開示を行うほうが得策でしょう。マイナスの情報でもそれを開示し、企業はどうやってそのマイナスを克服していくのかを説明できれば、銀行は安心できるのです。

　こうした銀行への情報提供と理解促進を図るためには、経営計画書を作成して提出し、銀行へ提出した後は３か月に１回でも企業側から銀行へ自主的に事業報告を行うことが重要です。事業報告の際は、試算表などの資料と共に計画の進捗について説明します。

　融資をスムーズに受けるには、日頃から試算表を銀行に提出し経営計画の進捗報告を行うことはとても大事なことです。１年に１回提出される決算書を見てやっと業績がわかるというのと、試算表によりこまめに途中経過が報告されるのとでは、銀行が抱く安心感、信用度が違います。

　また定期的な事業報告により、銀行としては、次の融資申込みが来たときに備えて事前に準備しておくことができます。融資審査に必要な資料をあらかじめ整えておくことができるため、融資が申し込まれた後も融資審査がスムーズにできるのです。また、企業の将来の事業展開を予測しやすくなり、タイミングを合わせた融資の提案が行いやすく、不測の事態にも対応しやすくなります。

　企業側も、銀行への定期的な報告の中で、次の融資について資金使途や融資時期、融資金額について予め打診することも可能となり、その結果、融資交渉も円滑に進んでいきます。

（2）決算の振り返りシートで事業報告を行う

　決算書ができた際に、決算書の振り返りシートを付けて、決算報告と経営計画の進捗状況の説明を行うとよいでしょう。

　まず売上。計画を達成したのか、未達であったのか、その理由と対策、次年度にどう活かすのかをまとめておきます。

　次は粗利。生産計画に無理はなかったか、ムダな在庫を出してしまったのか出していないのか、新商品の開発で販売計画とリンクしてムダな在庫が出たのか、うまく商売できたのか、為替相場や原油をはじめとした原材料は影響を与えたのか、といったことも簡潔にまとめておきます。

　そして営業利益。営業利益について書くなら、経費にも触れることになります。人件費を減らしたことによって、売上は下がったが対前年比で営業利益が○○○万円増加した。収益に直結しない接待交際費を削減し、営業が足で稼ぐようにすることで旅費交通費は対前年比で上がったが、結果的に営業利益が○％向上した。といった表現でよいでしょう。

　「売上」「粗利」「営業利益」、最低限この3つは報告の必須事項です。もちろん経常利益も説明したほうがよいですが、口頭ではなく、箇条書きででも書面に起こすようにします。

株式会社＊＊＊＊　〇〇期　決算書　説明事項

1) 現金預金　減少理由について
- 返済負担増　長期借入金の据え置きが終了し返済開始
- 売掛金増　　入金サイトの長い仕事が増えた（同業他社比）
  - →対策1：増加運転資金に対し短期継続融資を活用することで資金繰りの安定を図る
  - →対策2：部門Bの原価削減を行い、フリーキャッシュフローの拡大を図る

２）売上　増加理由について

　○○を○○したことで部門ごとに取引先が○社増加し、対前年○○○○千円増加

　各セクション別に見ると次のとおりである

- 部門Ａが○○を○○したことで○社と新規取引を行い、昨年度対比○○％増
- 部門Ｂが○○を○○したことで○社と新規取引を行い、昨年度対比○○％増
- 部門Ｃが○○を○○したことで○社と新規取引を行い、昨年度対比○○％増

３）販売費及び一般管理費について

- 役員給与：社長の役員報酬を○○○千円アップ
- 事務員給与：事務員を１名削減（○○○千円の削減効果）
- 接待交際費：コロナ明けにより会合が増え昨年度対比○○○千円アップ
  （今後売上に直結するものに選定し、付き合いだけのものは原則参加しない）
- 管理諸費：経営計画書、資金繰り管理、予実管理体制向上を図るため財務コンサルタントと契約

４）原価について

- ○○料：○○不足により○○を多用した
- ○○費：○○を防止できず発生（今後○○を○○することで改善を図る）
- ○○費：仕入単価増（対策難しく、売上増で対応していくこととする）
- ○○料：○○の早期解約により一括支払い発生（約○○万円）
  　　　　　※一過性のもの
- ○○費：仕入単価増（今後も継続するものと考察する）

【実施中の対策】

　部門ごとに収支計算を実施したところ、○○部門が大幅な赤字となった。赤字の原因は、不採算の○○があったことと、○○収入が○○費よりも少なかったこと。また生産性の低い○○が○○であった。以上のことから、○○を○○し、収益の出る○○へ振り替えを実施。これにより生産性の低い○○が改善された。

　また○○収入増のため、既存顧客よりも単価のよい業務を商談中。値上げ交渉を実施し、○○社、○○社、○○社より承諾を取り付けた。

　前期原価上昇の要因となった○○売上だが、○○を図るために○○を○○している。現在、順調に○○が進み○○○○千円の○○料削減を見込んでいる。

　今期も○○と○○を実施。併せて○○料と○○費の差益を出し、さらなる○○も実施していく。これらにより、収益率のよい業務への振り替えをすすめていくことで計画の売上及び利益の計上を目指すものとする。

(3) 経営計画書は経営者からの説明が重要

　銀行からの融資を重視する企業は、ここぞというときは社長が出てくるものです。特に経営計画書がある場合、経営者がその説明をしたほうが銀行には伝わりやすいでしょう。銀行との信頼関係は、今後の資金調達を含め事業の成功に不可欠なものです。経営者自身が経営計画書を説明することで、銀行に対して企業の方向性や戦略に対する強いコミットメントを示すことができます。

　また当然のことながら、銀行は経営計画書に関連する疑問や懸念を持つことがあります。経営者が直接説明することで、これらの疑問に即座に対応し、必要な詳細情報を提供することができます。これにより、銀行との効率的なコミュニケーションを促進し、不明確な点を迅速に解決することができるでしょう。何より、経営者が経営計画を達成しようという意欲を感じることができます。銀行は、ここぞというときは社長から直接、説明を聞きたいものです。

　たったこれだけで、銀行との信頼の構築、ビジョンの共有、効率的なコミュニケーション、有利な融資交渉、長期的なパートナーシップの確立など、多岐にわたって大きな効果があることをふまえると、経営者自ら経営計画書を説明することが、企業と銀行との強固で健全な関係の形成に寄与することになるのです。

4. PDCAで振り返りをする

　経営計画書を策定した後は、アクションプランに基づいて計画達成に向けて実行します。そして、その成果を定期的に数値計画とアクションプラン双方について比較・分析します。計画どおりに達成できたもの、できなかったものの改善点をアクションプランと照らし合わせ、再度目標達成に向けて行動します。これがいわゆる「PDCA で振り返りをする」ということです。

　PDCA をうまく回すポイントは次のとおりです。

```
ⅰ　経営計画自体が根拠あるものであること
ⅱ　アクションプランが 7W3H で表現されている
ⅲ　アクションプランと数値計画が合致されている
ⅳ　計画と行動結果の分析を行い、改善対策を見出す
ⅴ　たえず計画とアクションプランを確認し改善を図る
```

　経営計画のアクションプランに沿って進捗度を見るとき、計画作成時に設定した重要業績評価指標（KPI）とアクションプランはたえず確認します。

　この確認に際しては経営計画書と試算表がベースとなります。経営計画の月次損益予定表と試算表を対比させ、売上・売上総利益・営業利益・経常利益を確認し、予実管理を行います。

　予実管理で重要なことは、計画とアクションプランの結果を評価すること、今後の計画達成に向けた有効な行動がとれるような改善策を見出すことです。

(1) 試算表の活用

　活動実績の評価には試算表が欠かせません。そのためには翌月 15 日には試算

表が作成される体制が重要となります。なぜ翌月 15 日なのかというと、振り返りを早く行うことができれば、それだけ改善活動に早く着手できるからです。

　試算表は翌月末に作成されればいいほうだ……という企業も少なくありません。例えば 1 月の試算表が出来上がるのが 2 月末だとすると、1 月の振り返りと改善の模索を行えるのは 2 か月後の 3 月ということになります。今の時代、これでは too late です。

　中小企業は選択と集中、そしてスピードが命です。時間をかけて経営計画書を作成しても、その振り返りの道具となる試算表が手元になければ振り返りはおろか、PDCA を回していくことなどできません。

　試算表が翌月 15 日までに作成されるためには（できれば翌 10 日）、自社内での経理体制の構築も必須であると同時に、試算表を早期に作成してくれる会計事務所を選択することも重要なことになります。当月末の決算資料を翌 5 日に提出し、5 日後の 10 日には試算表ができているのが望ましいし、それは可能なはずです。

（2）計画と実績との差が大きければ計画修正を検討する

　実際の経営では、予期せぬことが発生するということは少なくありません。昨今のコロナウイルス感染症の蔓延はその代表例です。第 4 章で述べた PESTLE 分析にあるように、中小企業は外部環境に影響されやすいものです。

　また、内部環境の変化（社長の急病・急逝、社内キーパーソンの離職、設備のトラブルなど）が起こり、計画目標と実績の差が大きくなれば、計画そのものを修正することも必要になるでしょう。

　経営の 3 要素であるヒト・モノ・カネが限られている中小企業においては、この大きな変化に対応できる施策を見出すのはかなり困難です。

　こうした場合、計画自体を修正して、実現可能性の高い計画を再立案することが必要です。その際、忘れてはならないのは、アクションプランばかり検討するのではなく、かならず資金繰り表についても修正し、資金繰り予想も欠かさないことです。

　そして、銀行などの外部のステークホルダーにも計画修正について説明し、理解を得るとよいでしょう。

5. KPIを活用すれば効果はより向上する

　KPIとは、Key Performance Indicator の略で、事業成功の鍵を「数値目標」で表した指標です。

　重要指標を数値化すると同時に、この数値で振り返りをすることで、結果の要因が明らかになります。ところが、多くの経営者は数値化することの重要性は理解していても、見ている数値は売上と現金預金残高の二つだけといったことが多いようです。しかしながら、この二つの数値はどちらも過去の数字です。

　過去に行ったこと、例えば先月行ったことの結果が目の前に売上や銀行預金残高になっています。その数値だけを見てもあまり意味がありません。

　重要なのは、売上を向上させるために何を実行し、改善すればいいのか、さまざまな数値を分解していくつかの指標にし、その数値を追いかけるということをすれば、社内でも共有されやすく、かつわかりやすくなります。

(1) KPI の活用で売上を伸ばす

　飲食店を例にとって考えてみましょう。この業界のKPIは「客数」「客単価」であり、それを掛けたものが「既存店売上」になります。

　ここで増収のために新規出店を計画したとします。成果を出すための鍵を設定していなければ、どのようにして売上を上げていくのでしょうか。その目標となる具体的な指標があれば、事業成功の鍵が何なのかということを確認することができます。これがKPI設定のポイントです。

　例えば、お店には行列ができているとしましょう。ところが売上が芳しくない。売上は「客数×客単価」です。行列ができているということは、客数に問題はありません。したがって、このケースでは売上をアップするには「客単価」を上げなければなりません。

　そこで客単価を上げるための施策を考察し、高いワインをメニューに入れるといったことや「松竹梅コース」のようにメニューをランク分けし、「松」を高単価にするといった方法が考えられます。これがすなわちアクションプランになります。

　具体的に「高級ワイン月間 100 本」「松コース 20 セット／日×25 日」といった目標値を掲げます。じつに単純でわかりやすい指標です。難しいことは何もありません。

　このようなときに今流行りの SNS マーケティングで集客しようとしてもあまり意味がありません。既存客・リピーターはいるのですから、このお客様に対するアプローチが重要であり、その具体的な戦術が「高級ワイン」「松コース」であり、これを指標化して推進していくことが売上増に直結します。

　意外なことに、自社のビジネスにとって何が重要かをわかっていない経営者が多いものです。

　常に新しい情報や流行のモノを取り入れさえすれば、業績が一気に向上すると考え、そのことに振り回されていたりします。自社の計画達成に必要なもの、改善すべき商流の部分はどこなのか、ここを把握できなければ時間とお金だけを浪費することになるでしょう。

(2) 商流でビジネスの流れを整理し、KPI を設定する

　KPI を設定する際、各部門の商流をまず整理するというところから始めるとよいでしょう。例として自動車販売業を挙げてみます。まず、どのような商流となっているかを押さえます。

【車輌販売までの流れ】

※既存顧客への販売を前提とする

❶商流と KPI の数値

　このように整理すると３つの数値により、計画達成の障害となっているプロセスをあぶり出し、計画達成に必要な改善案の抽出を容易にすることが可能となります。

　この商流の場合、「いかにしてお客を店舗に呼び込むか」が最初のポイントになります。来店数を確保するために、必要な呼び込み件数はどの程度確保するのか？　そして呼び込んだ顧客に対しどのようにして商談のテーブルへ誘導するのか？　そしていかにして成約率を向上させるか？　がポイントとなることがわかります。以下の４項目が KPI として注視する指標になります。

---

　i　呼び込み件数
　ii　来店数
　iii　商談件数
　iv　成約率・成約数

　車輌販売計画が月 10 台、売上計画が 3,000 万円（平均車輌販売価格 300 万円）とした場合、呼び込み件数、来店数、商談件数、成約率・成約数をどの程度確保する必要があるのかの仮説を立てて活動していきます。

　そして、毎月の試算表などの資料をもとに、実績との対比を行い、どのプロセスに問題があるのかを改善していくことで、経営計画から遠回りすることなく達成できます。

❷ KPI でアクションプランの具体的な目標を設定する

　既存顧客を呼び込む方法、商談移行率を高める方法、これらをマーケティングの要素として、アクションプランへとつなげます。「いつ」「どこで」「誰が」「何を」「誰に」「どのようにして」といった 7W3H で組み立てていきます。

　例えば、来店数は確保しているが商談に移行していないということは、商談に行く前のプロセスが悪いのか、呼び込みの方法が悪いのかを検討します。商談件数は多いが成約率が低いのは相談の中身に問題があるのではないか。このようなことが見えてきます。

　過去の実績から、商流の中の「鍵」となるプロセスをしっかり数値化し、それを見える化することによって、呼び込み数、来店数、商談件数をどの程度増やさ

なければならないかがどんどん見えてきます。そうして、結果としてより精度の高い経営計画、アクションプランが作成されるのです。

　KPIはたくさん設定するよりも、まずは商流を整理して、商流の中から鍵となるプロセスを約3つ、多くても5つに絞り込むと振り返りも容易です。

❸ KPI は社内で共有する

　KPIもまた、社内で共有したいものです。共有することで社内のコミュニケーションの最適化が図られ、組織全体の成長と一体感が促進されることでしょう。

　社内の透明性の確保、定期的な報告、部門間連携、教育とフィードバックの体系化などを通じて、KPIは単なる数字ではなく、それは次第に、組織の文化と戦略の一部として浸透していくはずです。

　その結果、目標の明確化、業績の可視化、問題の早期発見、連携の強化など、組織の効率と効果を高める多岐にわたる利点をもたらします。KPIを共有し社内に浸透させることで、組織はより柔軟かつ迅速に市場の変化に対応し、持続的な成長と競争力の強化を実現できるでしょう。

❹ KPI には PDCA サイクルが重要

　前述の自動車販売業の例でいうと、「呼び込み件数」「来店数」「商談件数」「成約率・成約数」というKPIがありましたが、「来店数を増やすためには何が必要だろうか?」ということを考え、施策を考え出したとします。そうだとすれば、その施策を試してみる必要があります。そして、その結果をふまえ、試行錯誤を繰り返し、改善していくということを繰り返すのがPDCAです。

　どんなに新しいことを試みても、またどんなに最新のマーケティングノウハウを導入したとしても、最初から確実にうまくいくことはほとんどありません。振り返りによって、どこをどうしたらうまくいって、どこが障害になっているのかを確認することができます。そして改善し、また試みる。これを何回も、何十回も試してみて改善を続けます。

　SWOT分析・SWOTクロス分析の結果をもとにアクションプランを作成すると同時にKPIを設定し、必ずモニタリングで進捗状況を追います。そして設定したアクションプランを遂行し、KPIによってどこに問題があるかを検証します。このような活動を続けることによって、結果として、経営計画書を根拠あるものとすることができるのです。

6. 経営計画書をもとに直接金融に挑戦する

（1）銀行は急成長企業のスピードに追いついていけない

　企業の年商が30億円以上になったとき、金融対策は劇的に変化します。年商が30～50億円と成長して大きくなってくると、銀行の対応が鈍ることがあるからです。

　これは企業の成長スピードが関係してきます。企業のライフサイクルの中で、売上と利益を時間をかけて徐々に伸ばしていく場合と、倍々ペースで急成長していくのとでは、銀行の支援体制は大きく変わってきます。

　年数と時間をゆっくりかけて売上を増やしていけば、銀行はその成長スピードについていけるので資金支援が行えます。一方、もともと年商5億円規模の企業が5年ほどで一気に30億円を超える成長を遂げていけば、銀行は積極的な支援ができなくなるものです。

　このような企業はものすごいスピードで事業規模を大きくしていこうとし、営業力がある一方、幹部ですら経営計画を理解できていないものです。経営は「経営者の頭の中だけにある」といった特徴が見られます。要は組織が脆弱なまま会社が急成長したわけです。社長に万が一のことがあればたちまち業績が落ち込んでしまいます。銀行はここにリスクを感じ、支援を躊躇してしまうのです。

　1回の融資の金額にも着目します。年商10億円であれば、1回の融資の金額は概ね8,000万円～1億円となります。これぐらいの金額であれば、銀行の本部でも審査するでしょう。ここで年商規模が翌年倍の20億円と急成長した場合、必要な運転資金はどのように変化するでしょうか。売上が倍になるということは当然運転資金もケースによっては倍必要になります。

　例えば、年商10億円時の運転資金が2億円だとします。そして年商が倍の20億円になったとすると、運転資金は4億円からケースによっては6億円程度必要

になることもあります。急成長＝急な資金需要が発生するのです。

(2) 急成長企業は担保を準備できない

　決算を締めた時点では、決算書上、売上が 10 億円から 20 億円へ成長したという事実が確認されるわけですが、売上が 20 億円のフェーズに入っているときに、じつはもう 40 億円を見越していることも往々にしてあります。このとき必要となる運転資金は当然一気に増えます。

　金融庁は金融検査マニュアルで次のように述べています。「運転資金は決算書から機械的に計算できるものが正しいわけではなく、繁忙期や期中で成長していることも考慮し、試算表などの資料をもとに実態に併せて算出する必要がある」。

　銀行は決算を締めたときの月商を一つの判断材料とする傾向にあります。年商を 10 億円とすると月商は約 8,400 万円。年商が倍の 20 億円になると約 1.7 億円、40 億円となれば月商は約 3.33 億円になります。

　このように成長したときに、メインバンクから支援を受け続けることができればよいのですが、当然銀行も担保を要求してきます。しかし、融資金額に見合う担保など早々準備できるわけがありません。そうなってくると、当然支援のスピードも鈍くなるわけです。

　当初から資本金を 4 ～ 5 億円と大企業並に集め、5 ～ 10 年で上場するという経営計画のもとに成長していくのであればいいのですが、だいたいそんな計画はなく、やってみたら望外に急成長したというのが実態でしょう。ここで売上が急激に 2 ～ 3 年目で伸びていったとすると、銀行は様子を見たいと言って概ね支援が後ろ向きになります。

　このようなときに、ファンドを入れ、出資割合が 50% を超えない範囲で増資を図るという選択肢が出てきます。間接金融から直接金融へシフトするのです。具体的には銀行系のファンドや銀行関連の証券会社、政府系の東京中小企業投資育成株式会社や日本政策投資銀行が挙げられます。

(3) 直接金融への挑戦

　年商規模が特に 30 億円から 40 億円、そして 50 億円を超えてくると 1 回の融資額が大きくなります。企業の成長スピードが速く、成長曲線がどのような曲線

を描くかで銀行のスタンスが変わります。

　直接金融を考慮する一つの目安は年商です。その境目が、最低でも売上30億円で売上総利益15億円。ここを超えてくると増資のような直接金融を選択肢の一つとして、いつでも実行できる体制を整えておくことが必要となります。

❶予想貸借対照表を準備する

　このときにも必要となるのが経営計画書です。3～5年分の損益計画（198～199ページ参照）はもとより、36か月の月別資金繰り表（200～201ページ参照）。そして損益の流れと資金繰りの流れから、予想貸借対照表を作成するとよいでしょう（202～203ページ参照）。

　予想貸借対照表は会計ソフトに入力して作成されるものではなく、必ず損益予定表、資金繰り予定表と連動したものでなければなりません。

　予想貸借対照表で、現金預金がいくら増え、借入がどの程度増えるのか。利益剰余金、純資産はどうか。増資を行うということであれば、安定配当の実施も求められます。

　その安定配当実施の根拠として、経営の成長性、安定性、収益性、財務健全性を示す経営計画書を始めとする各種資料が求められます。経営の安定化、資金調達をはじめ増資といった直接金融の成否を分けるのもまた、根拠ある経営計画書＝真実の経営計画書となるのです。

（4）シンジケートローンも選択肢の一つ

　近年、中小企業においても直接金融と間接金融の間に位置する新たな金融手法である「市場型間接金融」による資金調達が増えています。その一つがシンジケ

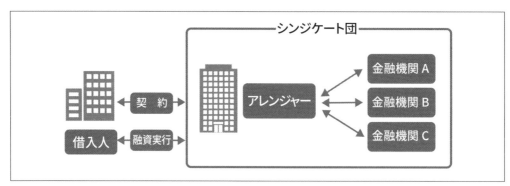

■シンジケートローンのイメージ

ートローンという貸出手法です。

　シンジケートローンとは、一つの顧客に対して複数の銀行が連携して融資を行う貸出方法で、その特徴から「協調融資」とも呼ばれており、基本的にはすべての銀行が同じ条件・契約で融資を実施します。

　また、シンジケートローンは大企業が利用するものであるというイメージが先行しがちですが、年商5億円以上の中小企業においても利用が増えてきています。

　通常は融資期間が中長期となる証書貸付契約で、契約時に融資を一括実行するものと、契約時から一定期間中に分割で融資実行することを約束（コミット）する「コミットメント期間付タームローン」で構成されます。

❶シンジケートローンのメリット

　シンジケートローンには次のようなメリットがあります。

メリット1 銀行との取引関係が強化	● 取引銀行の協調・支援体制を明確化することが可能となる ● 新規取引銀行の獲得が可能となる
メリット2 財務体質の強化	● 大規模な資金調達が可能となる ● 借入の長短比率の是正が促され資金繰り改善が見込める ● 柔軟な返済条件の設定が可能となる
メリット3 事務の効率化	● 資金調達交渉の窓口が一本化され、交渉負担が軽減される ● 金利や取引先を一本化することにより会計処理の負担が軽減される

　メリット1にあるように、借り主である企業にとってシンジケートローンの大きなメリットは、高額借入が可能になることでしょう。大企業であっても大型投資や経営環境の悪化により、多額の資金ないし資金枠を確保したいと考えるものだからです。

　だが、特定の企業への高額な融資は、たとえ親密性の高い企業であっても銀行は慎重になるものです。一方、そうした高額融資もシンジケートローンを組成することで、1行当たりの融資負担が軽減されることになります。

（※本文、204ページに続く）

■5か年損益計算書

科　目　／　年　月	第6期実績		第7期実績			第8期予定		
	金額	率	金額	率	差額	金額	率	差額
【　売　上　高　】								
部　　　門　　　1								
部　　　門　　　2								
部　　　門　　　3								
部　　　門　　　4								
部　　　門　　　5								
そ　　の　　他								
【　売　上　原　価　】								
期　首　棚　卸　高								
部　　　門　　　1								
部　　　門　　　2								
部　　　門　　　3								
部　　　門　　　4								
部　　　門　　　5								
そ　　の　　他								
合　　　　計								
期　末　棚　卸　高								
【　売　上　総　利　益　】								
荷　造　り　運　賃								
外　　　注　　　費								
販　売　手　数　料								
販　売　促　進　費								
支　払　手　数　料								
交　際　接　待　費								
広　告　宣　伝　費								
役　員　報　酬								
給　料　手　当								
賞　　　　与								
退　　職　　金								
法　定　福　利　費								
福　利　厚　生　費								
減　価　償　却　費								
修　　繕　　費								
消　耗　品　費								
水　道　光　熱　費								
旅　費　交　通　費								
租　税　公　課								
保　　険　　料								
通　　信　　費								
諸　　会　　費								
車　　輌　　費								
新　聞　図　書　費								
会　　議　　費								
支　払　報　酬								
地　代　家　賃								
警　　備　　費								
雑　　　　費								
研　　修　　費								
【販売費及び一般管理費】								
【　営　業　利　益　】								
【　営　業　外　収　益　】								
受　取　利　息								
為　替　差　益								
雑　　収　　入								
【　営　業　外　費　用　】								
支　払　利　息								
権　利　金　償　却								
為　替　差　損								
【　経　常　利　益　】								
【　特　別　利　益　】								
【　特　別　損　失　】								
投　資　有　価　証　券　売　却　損								
貸　倒　損　失								
支　払　報　酬								
【税引前当期純利益】								
法　人　税　等								
【税引後当期純利益】								
返　済　財　源								

【単位／千円】

第9期予定			第10期予定			第11期予定			第12期予定		
金額	率	差額	金額	率	差額	金額	率	差額	金額	率	差額

■資金繰り予定表〈第＊期〉

会社名：株式会社＊＊＊＊＊＊

			令和5年 7月予定	8月予定	9月予定	10月予定	11月予定	12月予定
月 初 繰 越 残 高								
経 常 収 支	経 常 収 入	売 掛 金 回 収						
		当 月 売 上 回 収						
		受 取 利 息						
		為 替 差 益						
		そ の 他						
		≪ 経 常 収 入 計 ≫						
	経 常 支 出	仕 入 代 金						
		外 注 費						
		荷 造 り 運 賃						
		役 員 報 酬						
		給 与 手 当						
		賞 与						
		法 定 福 利 費						
		厚 生 費						
		旅 費 交 通 費						
		通 信 費						
		交 際 接 待 費						
		販 促 費						
		広 告 宣 伝 費						
		支 払 報 酬						
		会 議 費						
		支 払 手 数 料						
		消 耗 品 費						
		車 輌 費						
		水 道 光 熱 費						
		修 繕 費						
		租 税 公 課・税 金 等						
		地 代 家 賃						
		販 売 手 数 料						
		保 険 料						
		雑 費						
		警 備 費						
		研 修 費						
		支払利息（既存融資分）						
		為 替 差 損						
		≪ 経 常 支 出 計 ≫						
	【 経 常 収 支 計 】							
設 備 収 支	設備収入	設 備 売 却						
		そ の 他						
		≪ 設 備 収 入 計 ≫						
	設備支出	設 備 購 入						
		そ の 他						
		≪ 設 備 支 出 計 ≫						
	【 設 備 収 支 計 】							
財 務 収 支	財 務 収 入	＊ ＊ ＊ ＊ 銀 行						
		＊ ＊ ＊ ＊ 銀 行						
		＊ ＊ ＊ ＊ 銀 行						
		＊ ＊ ＊ ＊ 銀 行						
		＊ ＊ ＊ ＊ 銀 行						
		≪ 財 務 収 入 計 ≫						
	財 務 支 出	＊ ＊ ＊ ＊ 銀 行						
		＊ ＊ ＊ ＊ 銀 行						
		＊ ＊ ＊ ＊ 銀 行						
		＊ ＊ ＊ ＊ 銀 行						
		＊ ＊ ＊ ＊ 銀 行						
		＊ ＊ ＊ ＊ 銀 行						
		＊ ＊ ＊ ＊ 銀 行						
		＊ ＊ ＊ ＊ 銀 行						
		≪ 財 務 支 出 計 ≫						
	【 財 務 収 支 計 】							
【 合 計 収 支 】								
次 月 繰 越 金								

令和6年 1月予定	2月予定	3月予定	4月予定	5月予定	6月予定	累　計

■ 5 か年予想貸借対照表

決 算 期		第 7 期	第 8 期		第 9 期	
項 目		実 績	予 定	前 期 比	予 定	前 期 比
	現 金・預 金					
	売 掛 金					
	商 品					
	未 収 入 金					
流 動 資 産 計						
	ソフトウェア					
	電 話 加 入 権					
	投資有価証券					
	長 期 前 払 費 用					
固 定 資 産 計						
資 産 合 計						
	買 掛 金					
	短 期 借 入 金					
	未 払 い 金					
	前 受 金					
	未払い消費税					
	未払い法人税					
流 動 負 債 計						
	長 期 借 入 金					
固 定 負 債 計						
	資 本 金					
	利 益 剰 余 金					
資 産 の 部 合 計						
負債・純資産の部合計						

第 10 期		第 11 期		第 12 期	
予　定	前　期　比	予　定	前　期　比	予　定	前　期　比

そのため、1行からでは断られるような高額融資も、シンジケートローンなら銀行としても検討しやすくなり、資金調達できる可能性が高まるのです。

　また、複数の銀行からバラバラに融資を受けている場合、各銀行への融資事務が発生し、これが企業にとっても相応の負担となりますが、取引先を一本化できるため、企業の事務負担の軽減が図れることになります。

　シンジケートローンでは、複数の銀行と直接やり取りするわけではなく、実際に取引するのはアレンジャーとエージェントだけです。アレンジャーとエージェントは同じ銀行が務める場合がほとんどであり、借入企業としては実質的に1行だけとのやり取りで完結するのです。

❷シンジケートローン組成のための3ステップ

　シンジケートローンを理解するには、融資実行までの流れを理解するとよいでしょう。ここでは融資実行までの流れを3つのステップで解説します。

ステップ1　アレンジャーの指名

一般的なシンジケートローンは、企業がアレンジャーを指名するところから始まる。アレンジャー（Arranger）は企業から委任を受けて、シンジケートローンの組成を行う。借入申込を行う企業は、アレンジャーに指名する予定の銀行と、融資金額（調達予定額、組成金額）、適用利率、期間などの融資条件（Terms and Conditions）につき協議する。

ステップ2　シンジケート団の組成

指名を受けたアレンジャー（銀行）は幹事役となり、銀行の募集を行う。また各銀行が参加するにあたって、貸出希望金額・希望金利などの条件をヒアリングする。ヒアリング結果をもとに、契約締結を経て「シンジケート団」が組成される。

ステップ3　契約、そして融資実行

銀行同士の契約締結が完了し、シンジケート団が組成されると、次は企業がアレンジャーとの融資条件の交渉に入る。ここでは融資金額・金利・融資期間・コベナンツ（融資契約の特約条項）について交渉が行われ、条件が折り合えば、エージェント（契約の管理を行う事務代行）に対して融資の申し込みを行う。申込が完了すると融資が実行され、シンジケート団を構成する各銀行が専用の決済口座へ個別に振り込みを行う。

❸シンジケートローンのデメリット

　このようにシンジケートローンは1行だけではリスクを負えない高額な融資申し込みを実現させると共に、事務負担も軽減できるなど、企業側にもメリットが大きいように見えますが、デメリットが存在することも忘れてはなりません。

デメリット1 通常の融資よりも 時間を要する	シンジケートローンでは複数の銀行が同一条件で融資を行う。そのため全行が契約内容に納得する必要があるため、通常の融資よりも交渉や調整に時間を必要とすることから、急を要する資金需要には不向きである。
デメリット2 手数料を支払う 必要がある	企業はアレンジャーに対して手数料（アレンジメントフィー）を支払う必要ある。また同様にエージェントに対してもエージェント業務に対する対価として手数料を支払う義務が生じる。さらに契約内容を変更する際なども別途手数料が発生するなど、元利金以外の費用が発生する点は企業にとって痛手である。
デメリット3 特約条項（コベナンツ） 違反の影響が大きい	企業が新規で融資を受ける際には、事前に銀行取引約定書で契約を結ぶことになる。だがシンジケートローンでは、参加する銀行が多い場合、それぞれの銀行と契約書（銀行取引約定書）を交わすことは現実的ではない。一方で契約書（銀行取引約定書）には「期限の利益の喪失条項」が明記されており、これなしで融資を行うことは銀行にとってリスクが大きい。

　この契約書（銀行取引約定書）の役割を補完するために用いられるのが「コベナンツ」です。コベナンツとは、社債や融資などで企業が資金調達を行う際に、契約書に記載される債務者側（企業）の義務や制限などの特約条項のことです。

　もしコベナンツで定めている義務や制限を守れなかった場合、期限の利益が喪失されたとみなされ、銀行団から資金の一括返済を求められます。返済の延期を認められないケースもあり、会社経営に大きな影響を与えてしまう可能性もあるのです。

　最終的には、これらのメリット・デメリットを総合的に判断し、どのような資金調達を図るのか、外部の財務コンサルタントや財務部門の責任者等と協議を重ね、経営計画書に織り込みながら、計画性のある戦略的な資金調達を図りたいものです。

7. 経営計画書の作成及び振り返りの 習慣化が経営理念を導き出す

　経営計画書を作成する際、最も好ましいのは、まずは経営理念から確認し、事業を定義づけすることです。現状、経営理念を持ち合わせていない中小企業が大半ですが、心配する必要はありません。経営計画書の振り返りを行うことで社風が築かれ、それが次第に経営理念へと昇華されるからです。

(1) 経営理念と社是・ミッション・ビジョンとの違い

　経営計画を作成し振り返りを行うことで、なぜ理念が導き出されるのかということをお伝えする前に、「理念」と「ミッション」はどのような違いがあるのか、ここを明確にしておく必要があるでしょう。また、「社是」や「ビジョン」など、企業が社員や社会に対して示しているものが多く、混乱する人もいることでしょう。

　経営理念を一言で表すと「組織の拠りどころ」です。拠って立つ価値観のことであり、組織を迷わせない行動の基準となるものです。企業の根幹は経営理念であり、経営理念の確立がすべての始まりとされています。

　社是は文字どおり「企業が是（＝正しい）とする考え方」のこと。「かくあるべし」という位置づけであることから、おのずと短くキャッチコピーのようなものが多くなります。

　ミッションは日本語では「使命」「役割」など、達成すべき状態のことを指します。その根底に経営理念をふまえたうえで、企業が社会に対してどんな貢献を果たしていくのか、それを約束事として表明したものがミッションだと言えます。経営理念は特に成文化してないけれども、ミッションは掲げているという企業もあります。ミッションに理念がついてくるものもありますから、それでもよいでしょう。

　経営理念とミッションの大きな違いとして、ミッションは「社会」に向けて表明することが前提だということでしょうか。経営理念も昨今では、ミッションを含むような内容にして、積極的に外部に向けて発信しようという流れになってきています。

　ビジョンは、日本語でいうと「将来展望」のことです。これからどうする、これからどうなる、という見込みを5年、10年という中長期にわたって内外に示すものです。ここには理念やミッションがすべて織り込まれているはずで、しかも精神論に偏りがちな理念やミッションを視覚的に補完して具体性が求められます。

(2) 経営計画をもとに確固たる理念を導き出す

❶まず、経営理念を作ってみる

　経営計画を作成する際、理想を言えば理念から導き出したいけれども、今、理念がなくとも、まずはイメージするところから始めればよいでしょう。

　いざ経営理念を作ろうと思ってもなかなか「イメージが浮かばない」「漠然としたイメージしかない」と悩みます。そのようなときは、経営理念とはどのようなものかを上場企業など他社の経営理念を見て、イメージを膨らませるとよいでしょう。また、時間をかけて自分自身と向き合い、実体験を振り返ってみるのもよいでしょう。

- ●これまでどのような経験をし
- ●どのような経験が印象に残っているか
- ●どのようなときに喜びや感動を感じ
- ●どうしてその喜びや感動を覚えたのか
- ●どのようなときに怒りや悲しみを感じ
- ●どうしてその怒りや悲しみを覚えたか
- ●どういう理由で独立したのか
- ●何のために
- ●誰のために行っている事業なのか
- ●社会にどのようなことを求められているのか

このようなことを思い浮かべるとヒントが出てきます。

そして、将来的に「実現させたいこと」「絶対にやりたくないこと」を書き出してみます。どのようなことで「ナンバーワン」「オンリーワン」になりたいか、社会にどのように貢献したいか、従業員にはどのようになってもらいたいか、必ず実現したいことは何か、絶対にやりたくないことは何か……これらのことを考え、言語化してみることから始めるとよいでしょう。

経営理念の原案ができたら、「これで本当によいのか」じっくり時間をかけて考えます。そして、納得のいく経営理念が作成できたら、まずは経営計画書に記載し、社内報やHPなどで社内外に示し、浸透させることから始めてみます。

作成した経営理念は変更をしても問題ありません。一般的には企業経営を行っていく中で、企業規模が大きく変わり理念が機能しなくなった、事業内容が大きく変更された、前社長が作成したものをそのまま引き継いだなど、変更の理由はさまざまなものが考えられます。

せっかく作成したのに変更してはいけないのでは？　一度決めたことを変えるのは恥ずかしい……このようにむずかしく考えず、時代の流れ、事業変革の流れに沿った経営理念としていくことは必要なことでしょう。このように考えると経営理念の作成も肩の力が抜け、作成に向け一歩踏み出すことができるのではないでしょうか。

❷経営の振り返りが理念になる

経営計画書の振り返りを行う中で、アクションプランが理念からずれていない

■上場企業の経営理念（例）

株式会社オリエンタルランド（東京ディズニーリゾート）	自由でみずみずしい発想を原動力に すばらしい夢と感動 ひととしての喜び そしてやすらぎを提供します。
京セラ株式会社	全従業員の物心両面の幸福を追求すると同時に、人類、社会の進歩発展に貢献すること。
コカ・コーラ ボトラーズジャパン株式会社	Paint it RED!　未来を塗りかえろ。
ソフトバンク株式会社	情報革命で人々を幸せに
株式会社セブン-イレブン・ジャパン	私たちはいかなる時代にもお店と共にあまねく地域社会の利便性を追求し続け毎日の豊かな暮らしを実現する。

か、理念に背くようなことをしていないか、そして事業を通じた社会からの反応、お客様からの声、社員の考え方や意見により、真に社会から求められているあるべき姿が見えてきます。

　そして経営者自身の成長により、納得できるもの、感じるもの、使命感といったものが見えてくるはずです。そのあるべき姿が見えたとき、企業の方向性が決まるのです。それが結果として確固たる経営理念となっていくのです。

　経営理念は、以下のようなステップで考えます。

ステップ1　素材集め
●経営理念のイメージがわかない場合は他社の経営理念を集める

ステップ2　業績・社長自身のこれまでを振り返る
●どのような理由や想いで独立したのか ●これまでの実体験をもとにどのようなときに喜怒哀楽を感じたか ●社会に何を求められているのか ●業績をもとにどのようなときに市場（顧客）から喜ばれたのか

ステップ3　将来像をイメージする
●実現させたいこと、絶対にやりたくないことは何か ●ナンバーワンまたはオンリーワンとなりたいのは何か ●求める従業員像や処遇は何か ●社会にどのように貢献していきたいのか

ステップ4　言語化
●原案をもとに検討 ●経営計画書へ記載

ステップ5　社内外へ明示、浸透化へ
●社内報・ホームページへ記載し社内外へ明示する ●経営計画書の振り返りをもとに経営理念のブラッシュアップを図る

経営計画書をもとにした経営の振り返りが企業独自のノウハウを蓄積し、付加価値の創造と再現性の高い企業へと成長させていきます。

❸経営を振り返ると本質的なものが見えてくる

　ある企業の例です。管工事を生業としたその企業は、粗利に問題を抱え、業界平均値の22%の半分を下回った10%と極端に低い状態でした。当然、業績は不調で赤字続きです。

　事業計画などはなく、依頼された工事をただこなすだけの状態で、工事予算は作成されず、利益が出たのかどうかさえろくに把握されていない、そんな状況でした。

　そこで経営計画書を作成し、当面は売上自体は横ばい、まずは粗利を業界平均値へと改善させることを経営計画の柱としました。その実行のために、翌月15日に工事予算書で定例予算会議を行うことにしました。その内容は、経営計画の数字計画を達成するために必要な粗利を確保するべく、毎月現場監督と工事予算の進捗確認と改善案の確認を行うといったものです。

　まずは振り返りができる環境を整えるために工事予算書を作成することから着手したのですが、長年まともに作成されていなかったことから、工事予算書をどのように作成すればよいのかさえわからない状態でした。

　しかし、工事予算に介在することで、半年もすると工事予算書を作成することが習慣化され、工事予算書の定例予算会議も行える状態になりました。取り組み開始1年目こそ改善効果は薄かったものの、2年、3年と継続していくと、粗利はみるみる改善され、ついには業界平均値を超えるに至りました。

　その過程では、当初の定例予算会議では意見が出ず、コンサルタントがファシリテーターを務めることで進行するのがやっとの状態でした。さらに試算表は翌月末に作成されればよいほうで、請求書の締め日も徹底されておらず、外注先からの請求書が翌月末まで届かずに、工事予算書の実績値を計上することすら難しい状態でした。

　そこで請求書の締め日の徹底、請求書フォームの統一化、そして試算表を遅くとも翌月15日までに作成する環境を整え、予算会議が行える状態にしました。そして、意見が出やすいようコンサルタントがファシリテーターとなって意見出しを促進していきました。

　そうして1年もすると、工事予算書の予実作成はもちろん、会議中に活発に意

見が出るようになり、「計画を達成するんだ」という強い意識が芽生えたのです。また、意見が出ることで、企業独自のノウハウが蓄積され、そのノウハウについては「工事振り返りシート」をもとに再現性が保たれるようになったのです。

❹小さな積み重ねが他社との差別化を生む

　事例として挙げた企業が何か特別なことを行っているのかというとそうではありません。特別な機械設備を導入したわけでもなければ、特別な研修プログラムを組み、新入社員が熟練工と同じ業務ができるというわけでもありません。

　毎月、自社で行った工事を予算と実績を対比させ、社長を中心に複数の現場監督が知恵を出し合っているに過ぎません。その結果、材料費及びリース等の経費削減や、工期の短縮化を徹底して図ることで、業界平均値以上の粗利率を達成しているのです。

　経営は、このような凡事徹底こそが重要ではないでしょうか。いわゆるヒト・モノ・カネの経営資源が限られている中小企業では、差別化や付加価値の創造は決して容易ではありません。

　しかし、経営計画書を作成し、毎月計画を振り返り、改善を重ねる。この積み重ねが事例の企業のように、社内に原価管理の方法や予実対比の方法、品質を維持しながらいかに工期を短縮するのかというノウハウを蓄積させていくことにつながったのです。

　また、その一連の振り返りの過程で、何が会社にとって重要なのか、何を大事にしなくてはならないのか、どういう会社にしていくことが望ましいのか、といった理想的なものがあぶり出されてきます。その内容を成文化していくと、借り物でない、自社特有の経営理念が導き出されていくのです。

※次ページ以降に「工事振り返りシート」類などを例示しているので参考にしてください。

■請求書見本

会社名：	
担当者：	
連絡先：	
支払条件：月末〆の翌月末振込回収	

○月分請求書

▲月▲日支払予定

金額 （税込）	0		承認㊞		

工事番号	工事現場名	単価	数量	金額
小計（税抜き）				0
消費税			10.0%	0
合計				0

■工事チェックシート

工事名		工期		担当者名	
受注額		予定粗利		実績粗利	

工事に変更はなかったか？

材料は適正だったか？材料費の算出根拠は？（見積比較はしたか？余りはないか？）

外注費は適正だったか？品質はどうだったか？（見積比較はしたか？）

仮設費・リース費・借地費は適正だったか？（見積比較はしたか？）

リースの賠償はあったか？（あった場合、今後の改善点は？）

リースは適切に返却を行ったか？（借りっぱなしにしなかったか？）

工事は予定通り進んだか？ （進んだ場合はその要因を、進まなかった場合はなぜ進まなかったのか？改善点はあるのか？を記入）

請求書のチェック漏れはないか？

評価点はどうだったか？（評価点を上げるにはどんなことが改善点として挙げられるか？）

■工事台帳ひな型

工事番号						予
工事名				売上		
発注者				本契約		
工事区分			追加工事	第一回		
工事種別				第二回		
社内担当者				第三回		
工期	～	地域		合計		0
現場管理予定日数	実績	差引	0	予算段階での粗利		0

工事集計表				予算段階での粗利率				#DIV/0!

入金情報		金額	差額	区分	前期繰越	4月	5月	6月	7月
		0	0	予定					
			0	実績					

支払情報	契約区分		金額	差額	区分	前期繰越	4月	5月	6月	7月
	本契約		0	0	予定					
	追加工事	第一回	0	0	予定					
		第二回	0	0	予定					
		第三回	0	0	予定					
	合計		0	0	予定	0	0	0	0	0
				0	差額	0	0	0	0	0
				0	実績	0	0	0	0	0

出金詳細						前期繰越	4月	5月	6月	7月
分類	工種	業者	実行予算	実際支払額	予算差異					
材料				0	0	予定				
						実績				
				0	0	予定				
						実績				
				0	0	予定				
						実績				
				0	0	予定				
						実績				
				0	0	予定				
						実績				
				0	0	予定				
						実績				
				0	0	予定				
						実績				
				0	0	予定				
						実績				
	合計		0	0		予定	0	0	0	0	0
						実績	0	0	0	0	0
外注費				0	0	予定				
						実績				
				0	0	予定				
						実績				
				0	0	予定				
						実績				
				0	0	予定				
						実績				
				0	0	予定				
						実績				
				0	0	予定				
						実績				
				0	0	予定				
						実績				
				0	0	予定				
						実績				
	合計		0	0		予定	0	0	0	0	0
	担当者名	単価など	工数			実績	0	0	0	0	0

算					実績				終了確認
工事原価					入金金額合計		0		
本契約					工事原価合計		0		
追加工事	第一回								
	第二回				粗利		0		
	第三回								
合計		0							
現在の利益額		0			粗利率		#DIV/0!		
現在の粗々利率		#DIV/0!							

8月	9月	10月	11月	12月	1月	2月	3月	次期繰越	入金合計
									0
									0

8月	9月	10月	11月	12月	1月	2月	3月	次期繰越	支払合計
									0
									0
									0
									0
0	0	0	0	0	0	0	0	0	0
0	0	0	0	0	0	0	0	0	0
0	0	0	0	0	0	0	0	0	0

8月	9月	10月	11月	12月	1月	2月	3月	次期繰越	支払合計
									0
									0
									0
									0
									0
									0
									0
									0
									0
									0
									0
									0
									0
									0
									0
									0
									0
0	0	0	0	0	0	0	0	0	0
0	0	0	0	0	0	0	0	0	0
									0
									0
									0
									0
									0
									0
									0
									0
									0
									0
									0
									0
									0
									0
0	0	0	0	0	0	0	0	0	0
0	0	0	0	0	0	0	0	0	0

						予定					
労務費	現地調査費					予定					
						実績					
					0	0	予定					
						実績					
					0	0	予定					
						実績					
					0	0	予定					
						実績					
	合計			0	0	予定	0	0	0	0	0
						実績	0	0	0	0	0
諸経費	社内設計費			0	0	予定					
						実績					
	交通費			0	0	予定					
						実績					
	書類作成費			0	0	予定					
						実績					
	手直費用			0	0	予定					
						実績					
				0	0	予定					
						実績					
				0	0	予定					
						実績					
				0	0	予定					
						実績					
				0	0	予定					
						実績					
				0	0	予定					
						実績					
				0	0	予定					
						実績					
				0	0	予定					
						実績					
				0	0	予定					
						実績					
				0	0	予定					
						実績					
	合計			0	0	予定	0	0	0	0	0
						実績	0	0	0	0	0
	総合計			0	0	予定	0	0	0	0	0
						実績	0	0	0	0	0

業者交渉履歴			
業者名	交渉内容		詳細内容

										0
										0
										0
										0
										0
										0
										0
										0
0	0	0	0	0	0	0	0	0		0
0	0	0	0	0	0	0	0	0		0
										0
										0
										0
										0
										0
										0
										0
										0
										0
										0
										0
										0
										0
										0
										0
										0
										0
										0
										0
										0
										0
										0
										0
										0
										0
0	0	0	0	0	0	0	0	0		0
0	0	0	0	0	0	0	0	0		0
0	0	0	0	0	0	0	0	0	0	0
0	0	0	0	0	0	0	0	0	0	0

	今回の工事で良かった点	今後に生かす点

あとがき

　最後までお読みいただきありがとうございます。

　SWOT分析は経営を可視化するための道具です。過去の自分のことを知っているのであればその限りではありませんが、ほとんどの中小企業は経営計画書を作成する以前に自社の経営の振り返りすらしていません。

　この取り組みをしないで、いきなりSWOT分析をしても、会社の未来戦略の立案はできません。また、これまでのSWOT分析の解説本は財務からの視点が欠けていたように思います。

　本書の代表著者である篠﨑啓嗣は経営コンサルタント歴15年ほどですが、経営コンサルタントになりたての時期にSWOT分析の本を買い漁り、徹底的にフレームワークの習得に励みました。そして、2年経過した頃にあることに気づかされました。

　それは、作成した経営計画書の振り返りを定期的にしていても、未来と現状との課題ギャップが埋まらないということです。今となれば笑いながら話せるのですが、そもそも論として、財務資料から過去の振り返りに取り組むことで、経営課題はいとも簡単に発見できるのです。

　この経営課題は過去のものですが、過去の振り返りで自社の良いクセ（強み）や悪いクセ（弱み）である内部要因をつかみながら、外部環境を紐解き、そこでSWOT分析に取り組むことよって、より具体的な現実味を帯びた仮説を導くことができるようになるのです。

　毎月の経営の振り返りができるようになるためには、月次試算表は前月のものは遅くとも翌月10日〜15日にはできるようにしたい。また、経営計画書を作成するときには、並行して資金繰り予定表の作成をしていただきたい。毎月の損益の振り返りと資金の振り返りに取り組むことで、作成した経営計画は真実のものとなり、会社があるべき姿に近づけるようになっていくのです。

　日本の中小企業の経営者にはそれができます。財務コンサルタントや会計事務所には、ぜひこうしたサポートをしていただきたいと思います。

執筆者一同

■著者紹介

篠﨑 啓嗣（しのざき・ひろつぐ）〈第1章・第5章担当〉

株式会社しのざき総研代表取締役、 日本財務力支援協会有限事業責任組合代表理事、
一般社団法人銀行融資診断士協会代表理事

大学卒業後、群馬銀行入行。在籍10年間のうち融資及び融資渉外を通算9年経験。融資案件800件を通じて財務分析・事業性評価のスキルを身につける。

その後、日本生命、損害保険ジャパン、事業再生コンサルティング会社等でリスクマネジメントスキルと経営計画策定、資金繰り実務を身につける。

代表作『社長さん！ 銀行員の言うことをハイハイ聞いてたら あなたの会社、潰されますよ！』（すばる舎）は10万部を超えるヒットを飛ばす。他に『SWOT分析を活用した「根拠ある経営計画書」事例集』、『社長！ こんな会計事務所を顧問にすればあなたの会社絶対に潰れませんよ！』（マネジメント社、共著）など著作は10冊以上。

【オフィシャルサイト】
株式会社しのざき総研 https://shino-souken.co.jp/
日本財務力支援協会 http://zaimu-mado.com/
一般社団法人銀行融資診断士協会 https://ginkouyushishindan.com/

比果 良太郎（ひか・りょうたろう）〈第2章担当〉

株式会社財務ONE代表取締役

同志社大学商学部卒業後、産業機械メーカーにおいて10年間にわたり海外でビジネスを経験したのち、経営難だった家業に戻り立て直しを図ったが、結果的に事業を断念することとなる。

このときに財務や会計の知識が不足していたことを痛感、同じような境遇の中小企業を支援していくことが使命だと感じ、管理会計、経営計画策定、資金繰り管理、銀行取引などの専門知識を身に付けるとともに、現場での実務経験を積み重ねてきた。

現在は中小企業専門の財務コンサルタントとして、日本全国のクライアントを支援するために日々奔走している。

2021年、神戸大学大学院修士課程修了。経営学修士（MBA）

【オフィシャルサイト】
HP：https://zaimu-one.co.jp/
E-mail：info@zaimu-one.co.jp

佐藤 恵介（さとう・けいすけ）〈第3章担当〉

合同会社スタイルマネジメント 代表社員

アパレルメーカー生産管理、NTTフレッツ光訪問販売、研修講師・人事制度コンサルを経て、「社長のお困りごとに直接貢献したい」と、キャッシュフローコーチ／財務コンサルタントとして独立。

現在、エリア・業種を問わず、年商1 ～ 10億円程度の中小企業十数社に対し、資金繰り改善（資金繰り実績表／計画表の作成と運用）、資金調達（銀行取引アドバンス、銀行同行）、根拠のある経営計画策定をメインに支援している。理念策定・実現コンサルティングも行う。

【オフィシャルサイト】
HP：https://style-management.net/
FB：https://www.facebook.com/keisuke.sato.77377/
Twitter：https://twitter.com/stkeisk

延島 隆裕（のぶしま・たかひろ）▰▰▰▰▰▰▰▰▰▰▰▰▰▰▰▰▰▰▰▰▰〈第 4 章担当〉▰▰

株式会社リアライズ総合研究所代表取締役　経営コンサルタント／中小企業診断士

経営コンサルタント歴 16 年。外部環境の機会をチャンスに自社の強みを活かす戦略で収益向上・黒字化実現の実績多数。特にインターネットを活用した WEB マーケティングによる業績向上が得意とする。新規事業開発 1 年で 1 億円突破の D2C 通販事業創出や、楽天・ヤフー・Amazon・自社サイトで月商 1 億円店舗の輩出など、累計数十社の経営顧問実績がある。

現在、上場企業の EC 通販事業やメーカー直販事業の EC 事業戦略策定や財務戦略実行支援、事業運営や広告運用代行まで、戦略から実務まで幅広い業務支援で成果を上げている。

【オフィシャルサイト】

https://realize-soken.jp/

西原 英夫（にしはら・ひでお）▰▰▰▰▰▰▰▰▰▰▰▰▰▰▰▰▰▰▰▰▰〈第 6 章担当〉▰▰

株式会社保険ムツゴロウ 代表取締役

平成 5 年、三井住友海上入社。平成 8 年、西原保険サービスとして開業、平成 16 年法人化。

「何が何でも、あなたを守ります！」をモットーに、地域密着型の生損保代理店経営を行う。日本財務力支援協会の認定財務コーチとして、中小企業経営者向けに銀行取引アドバイス、経営計画書作成支援、経営改善の実行支援を行っている。

令和 5 年、コンサルティング会社として経営革新等支援機関の認定を受けて活動している。

オフィス 〒839-0215 福岡県みやま市高田町濃施 423

【オフィシャルサイト】

HP：https://www.hoken6256.com

E-mail：nishihara@hoken6256.com

豊田 雄平（とよた・ゆうへい）▰▰▰▰▰▰▰▰▰▰▰▰▰▰▰▰▰▰▰▰▰〈第 7 章担当〉▰▰

株式会社豊田保険事務所 代表取締役　一般社団法人銀行融資診断士協会理事

従業員 50 名以下・売上規模 20 億以下の中小企業の経営者に対し、銀行取引アドバイス及び管理会計の考え方を導入する専門家。具体的には経営計画の策定及び資金繰り表の策定支援を実施し、毎月の定例訪問において試算表と月次経営計画の予実対比と資金繰り対比を行いながら、経営者に振り返り思考を身に付けていただく。その結果、経営者がお金の心配をすることなく、経営に専念できる環境を提供している。

また、会社を守るうえでのあるべき保障を提案し、経営者が万一の際にも廃業をするのか、事業を継続するのか選択できるようアドバイスを行う。

オフィス　〒830-0056 福岡県久留米市本山 2-15-11　Tel：0942-21-1112

【オフィシャルサイト】

HP https://uriage-up.link/

《マネジメント社 メールマガジン『兵法講座』》

　作戦参謀として実戦経験があり、兵法や戦略を実地検証で語る
ことができた唯一の人物・大橋武夫（1906 〜 1987）。この兵法講
座は、大橋氏の著作などから厳選して現代風にわかりやすく書き
起こしたものである。

　ご購読（無料）は https://mgt-pb.co.jp/maga-heihou/ まで。

SWOT, PESTLE ＆財務分析による【真実の経営計画書】

2023 年　9 月 13 日　初　版　第 1 刷発行

著　者　　篠﨑啓嗣 / 比果良太郎 / 佐藤恵介 / 延島隆裕 /
　　　　　西原英夫 / 豊田雄平
発行者　　安田喜根
発行所　　株式会社 マネジメント社
　　　　　東京都千代田区神田小川町 2-3-13（〒 101-0052）
　　　　　TEL　03-5280-2530（代）　FAX　03-5280-2533
　　　　　ホームページ　https://mgt-pb.co.jp
印　刷　　中央精版印刷 株式会社